留学のいろいろ

—島根出身者を中心に—

平賀英一郎

目次

《漂流者たち》

天保一二年（一八四一）正月五日、土佐中浜村の**万次郎**少年（一八二七―九八）ら五人の乗り組んだ船は漁に出た。万次郎は当時十五歳。九歳のとき父親を亡くし、十三、四歳の頃から船に雇われ、魚はずしとして働かなければならなかった。沖で不漁が二日続いたあと、七日は大漁だったものの風が強く、帆柱が折れてしまった。船はそのまま風波に押し流されて漂流し、一三日にようやく絶海の孤島に上陸した。彼らは雨水をため、おびただしくいるアホウドリの肉を食べて飢渇をしのいでいたところ、六月になって三本マストの異国船が現われた。それはアメリカの捕鯨船で、彼らはその船に救助され、サンドイッチ群島（ハワイ）のホノルルに連れて行かれた。四人はそこに残ったが、利発な万次郎はホイットフィールド船長に気に入られ、船長と行動を共にし、一八四四年、船長の家のあるマサチューセッツ州ニュー・ベットフォードに帰ってきた。そこで学校に通わせてもらって、算術や測量術を学んだ。アメリカ人は彼を「ジョン万」と呼んだ。一八四六年四月、また航海に出て、ホノルルに立ち寄ってその地に残った三人（四人のうちの一人重助は病死していた）と再会したり、またニュー・ベットフォードにもどってから、ゴールドラッシュに湧くカリフォルニアで砂金取りをしたりしたのち、またホノルルに渡り、一八五〇年一一月、伝蔵・五右衛門とともに上海行きの船に乗り込み（寅右衛門はハワイに残った）、翌年正月二日に琉球の沖合でかねて購入の短艇冒険号を降ろしてもらい、それに乗って沖縄本島南端の村に着いた。その村、鹿児島、長崎で漂流民の吟味を受け、ようやく嘉永五年（一八五二）一〇月、土佐の生まれ在所に帰り着いた。

帰国は幕末の多難な時期で、翌嘉永六年（一八五三）には黒船が来航している。幕府は英語ができアメリカの事情にも明るい万次郎を旗本に取り立て、航海、測量、造船の御用を命じた。幕末維新期、万延元年（一八六〇）遣米使節団の一員として咸臨丸でアメリカへ渡ったのを始め、英語教育などで活躍したのはよく知られている。

これは留学ではない。留学とは修学の目的をもって行なうものである。これは漂流であって、教育を受けたのは偶然にすぎない。しかし、渡った先で学校に通い、帰ってのちは人に教え世の中の役に立ったという意味では、かっこつきで「留学」としてもよかろう。

四方を海に囲まれた日本では、漁業が盛ん、近世は船運も盛んで、その結果難船漂流はよくあることだったし、たいていは海の藻屑、無人島の白骨になったろうが、中には運よく助かる者もあり、さらに運よく異国船によって日本に帰還する者も江戸時代を通じてけっこうあった。文政三年（一八二〇）遭難漂流してオランダ船に助けられ、二年後身一つで帰ってきたという浜田藩の会津屋清助などがそうだ。南風が寒く北風が暖かいとか、相撲取ろうの島で相撲を取ったとかいう妙な話をしていたが、息子の八右衛門はそれを信じ、竹島渡航と称して抜荷（密貿易）を行ない、露見して死罪となった。見聞のみ持ち帰り、その見聞は結局息子の身の破滅という形にしか実らなかった。

天明二年（一七八二）に遭難しアリューシャン列島へ流れ着いた大黒屋光太夫（一七五一―一八二八）も有名である。ロシアでは、ピョートル大帝の頃の伝兵衛以来、日本人漂流民にロシア語を学ばせ、サンクトペテルブルグ、のちにはイルクーツクで日本語を教えさせるということを続けていた。中でも一七二九年に薩摩からカムチャトカに流れ着いた薩摩のゴンザは、デミアン・ポモルツォフと名を変え、ロシア人学者の協力を得て露和辞典や会話書を編纂したというし、光太夫の一行だが帰国を選ばずイルクーツクにとどまった新蔵は（ロシア名ニコライ・コロツィギン）、『日本および日本貿易について、あるいは日本列島の最新の歴史記述』なる本の監修を行なった（井上：一五、三六九）。学んだという点では「留学」の一面があるが、帰って来なければ「留学」たりえない。これは「抑留」「留用」だ。だが、帰ったところで同じである。帰国のため奔走し、望郷の念やみがたく十年の辛苦ののちに帰ってきた鎖国日本で、光太夫は番町薬草園に幕府の「囲い者」になって生涯を終わった。ロシアのやり口と日本のやり口は鏡うつしであることがよくある。

一九世紀前半までの漂流は鎖国政策の影におおわれていたが、その後半、幕末になると事情が変わる。香港・上海とハワイ・サンフランシスコの間を通う船が多くなり、捕鯨船も日本近海に出るようになったため、救助された漂流者もけっこういたし、開国が近づくと帰国がかなうこともよくあった。漂流者は船乗りで、帰国までの間外国船で働いて洋船の操船術も知り、英語もいくらかはできるようになったので、帰国後藩に召し抱えられることもままあった。とはいえ、真に活躍したと言えるのは万次郎と**アメリカ彦蔵**（一八三七―九七）ぐらいなものだ。彦蔵は播磨の生まれで、嘉永三年（一八五〇）に遭難、米国船に助けられ、ミッションスクールに学び、安政六年（一八五九）ハリス公使の通訳として日本に戻った。日本で初めて新聞を発行したことで知られる。彼はキリスト教に改宗し、アメリカに帰化していた。万次郎も彦蔵も、利発で人に愛される性格だったことと、何より遭難時少年だったので、親代わりになって学校へ通わせてくれる人がいた。彼らのように、流れ着いた先で勉強もし活動もし、帰国もかなったうえ、帰国の時代が彼を必要としていたというのは、僥倖であったと言うべきだ。帰国後の活躍を見れば、学んだ人と生活しただけの人の差がわかる。しかし、英語こそアメリカで学んで身につけていたが、日本で日本語の読み書きは十分に習得していなかったので、通訳として重宝された幕末と明治の最初期が過ぎると、時代に追い越されていったのもまた当然であった。もとより留学でないのだし、漂流民の限界である。

だが、漂流は胸に迫るものがある。漂流するのはほぼ船乗りに限られるという点では、職業による平等はない。生き抜くためには力も強い意志も必要だっただろう。しかし彼らは究極のところ、「天に選ばれた者」である。人事を超えている。こざかしい人事の彼岸であることに、ある種の感動を覚える。一方で、彦蔵と同じ船で遭難して上海に住み、開国後赴任するイギリス公使オールコックに通弁として雇われた岩吉（改名して伝吉）のように、イギリスの威を借って傲慢な振舞い多く、攘夷の武士に斬り殺された例もある。たかが英語が多少できるぐらいのこと、それは自分の能力というよりむしろ運命の施し物であったのに、それを勘違いする悲劇も生まれるのも、「天に選ばれる」ことのうちに含まれるのだが。

ジョン万次郎の軌跡には、留学の「ジョン万原型」とでもいうものが認められる。つまり、

（1）旅が難儀である。
（2）最も肝要なのは向学心である。その際制度は重要でない。
（3）帰国してこそ（正確には、帰国して世に働いてこそ）意味がある。
2と3が普遍的なのに対し、1は交通機関が発達するにつれ次第に薄まっていくが、初期留学には大いにあったことだ。ここでは幕末・明治以降の近代留学を見るのだが、その初期においてはほぼ「遣唐使」だった。つまり、渡航が冒険であった。その昔、遣唐使に難破はつきものだった。たとえば、日記を残しているために唐での行路動静がよくわかる**円仁**（のちの慈覚大師、七九四―八六四）の場合、承知三年（八三六）五月一二日出航するも、嵐で第一船と第四船は九州に吹き戻され、第二船も九州漂着、第三船は難破し、生存者は対馬などに漂着した。翌年（八三七）の二回目の渡航の試みも壱岐や五島列島に流されて失敗。承知五年（八三八）三度目の渡航が試みられたが、その前に遣唐副使小野篁は仮病を使って乗船を拒み、そのため隠岐島へ流刑になった。六月二二日九州を発し、今度はやっと渡ることができたが、円仁が乗った第一船は長江河口近くの浅瀬に乗り上げ、第四船も遠からぬところで座礁し、死者が出た。第二船は山東半島の付け根のあたりに着いた（遣唐使船は四隻で行くのだが、第三船が難破していたので、二回目三回目の航海は三隻で行なわれた)。円仁は七月二日上陸。揚州に着いたのは七月二五日。一行はそこにとどめられ、ようやく一〇月五日に大使は長安へ出発、一二月三日に到着した。旅の苦難思うべしである。小野篁でなくとも逃げ出したくなろう。

《文久二年》

留学とは、簡単に言えば外国へ行って学ぶことだが、後進国であった日本の場合、知的エリートが先進国に渡って学び、進んだ知識を吸収して自国を益すること、という意味の傾きを持っている。それは後進国一般に当てはまる。留学の目的が個人的な成功であるとしても、その成功は社会に還元される。

最初の近代留学生の派遣は、文久二年(一八六二)、徳川幕府によるものだった。

「幕府が**和蘭へ海軍留学生派遣**の事は蒸気軍艦製造註文に関聯して起つたことで、是は其頃永井玄蕃頭其他要路の人々の間に海軍拡張の急務なることが切実に考へられた結果、軍艦増建士官養成といふことも益々盛になる気運に向つたのであつて、(…)乃で幕府は軍艦一隻を先づ和蘭へ註文しようといふことになつて、長崎から当時のコンスル・ゲネラール(総領事)デ・ウヰットを江戸へ招き寄せて交渉を進め、其相談が纏つて愈々和蘭で建造さるゝことゝなつた。此軍艦が後年幕府第一の新鋭なる軍艦にして、又当時東洋に於ける優勢の軍艦であつた開陽丸である。

軍艦建造のことが決つたので、幕府は亦之と同時に留学生を派遣するの議を定めて、愈々文久二年壬戌年三月十三日に城中に於て該留学生へ左の通り申渡した。

先般亜米利加国政府え蒸気軍艦御誂相成右製造中諸術研究として被差遣候旨被仰渡、夫々支度相整ひ候議之所、亜国政府之方差支有之、急速其運びに不至候に付、今般改て右軍艦和蘭国政府え御誂替相成、依て役々の者も同国へ可相越候。

江戸で此命を受けた者は左の七人である。

内田恒次郎（成章）
榎本釜次郎（武揚）
沢太郎左衛門（貞説）
赤松大三郎（則良）
田口俊平（良直）

以上の五人は御軍艦操練所の士で、内田・榎本・沢は御軍艦組、田口と私とは御軍艦組出役、一同外軍諸術研究を目的とする。

　津田真一郎（行彦）

　西周助（時懋）（後に西周と改む）

以上二人は洋書調所教授手伝並で、外に長崎の養生所に於て和蘭人ポンペを師として医学修行中の

　伊東玄伯（後宮内省侍医伊東方成）

　林研海（後陸軍々医総監林紀）

二人は長崎で一行に加はることになつた」（赤松：一一四以下）。

　そのほかに、水夫頭・**古川庄八**、船大工・**上田寅吉**、鍛冶職・**大川喜太郎**、鋳工（大砲鋳物）・**中島兼吉**、時計測量器技師・**大野弥三郎**、上等水夫（帆縫）・**山下岩吉**も同行した。「大野は、オランダで時計の製法を学んで帰国後、時計製作所を設け、日本ではじめて懐中時計をつくったほか、大阪の造幣局で各種の機器を製作したといわれる。また上田は、のち海軍技師となり、清輝、天城、天竜などの諸艦の設計にも参加した。かれは留学中、オランダの本もよく読み、専門書もこなしていたという」（石附：三八二）。

　文人・学者・政治家などの留学に比べ、職人や技術者の留学は注目されないが、彼らも日本の発

展に大きく貢献している。文人・学者は記録される。みずからも書けば、周囲も書く。彼らはいわば「書記カースト」である。歴史を記し記される。もの言わぬ人たちにももっと目が注がれなければならない。海外渡航で言うならば、旅芸人やからゆきさんなどが先駆者であり先兵だ。中国で言えば華僑、苦力だ。しかるべく取り扱われるべきである。

明治初期に啓蒙学者として活躍した**西周**（一八二九―九七）は、石見国津和野に藩医の息子として生まれた。脱藩し洋学を修め、幕府に召され蕃書調所教授手伝となった安政六年（一八五九）に、越後糸魚川藩の侍医石川有節の娘升子と結婚した。渡米渡欧を果たすべく運動していたが、万延元年（一八六〇）の遣米使節団には随行できず、次の機会を待つことになる。そんな時期である。だいたい明治期の留学生は留学直前に結婚することが多い。大事を前に身を固めるということだが、ひとり生還を必ずしも約束されていない万里の果ての仕事に赴き、新妻に長く孤閨を守らせるのは、現代とは違うメンタリティである。行った先で無謀なことをせぬよう、家への絆を強め、必ず帰って来させるまじないでもあろうか。

升子は周助の出発に際し、歌を詠んでいる。

「まだ知らぬ千さとのほかの国にして行きます君を守りませ神

今のわがうきもつらきも諸ともに昔がたりとなすよしもがな」
慶応元年（一八六五）に周が帰国したときには、
「慶応元年十二月二十八日の夜背の君のかへらせ給ひしに、
指折りてかぞへ待ちにし日を更にはたかずふれば四年なりけり
暮れて行く年のなごりも嬉しさに忘れはてたる今にもある哉」（川嶋：五七、一〇一）

留学仲間の赤松則良の帰国（一八六八）の場合は、「私の留守宅では私が恁様に突然和蘭から帰つて来ようとは考へても居らなかつたので、河岸から行李を船夫に担がして門口に入ると、只一人家を守つてゐた母は私の声を聞くのは真に根耳に水の驚きで、夢かとばかり駈け出して来て碌に口もきけぬ程の喜びであつた」（赤松：二一二）。国で帰りを待つ人たちもまた留学の一部分である。南条文雄が七年の留学を終えて帰朝したとき、養母は「おまえの言うことがわかる」と言って喜んだそうだ。日本語を忘れているとでも思ったか。素朴な恐れである。そこまで遠い距離、そこまで長い不在。それを思い暮らしている人たちのことも忘れるべきでない。

《難　破》

西周らの留学で、特筆すべきは三項である。いわく、難破・篤志勉学・客死。

純然たる漂流である万次郎らは別としても、難船は船旅にはあることだった。近代最初の留学生の洋行は、ほかに麻疹流行にも見舞われたりして、ずいぶん難儀な旅だった。まず、旅立ちのようすを西自身の筆になる『和蘭紀行』から見てみよう。

「文久の二、みつのえ戌のとし、六月十八日、朝六ツ半時江戸の下谷三味線掘の宿より旅たちしき、余と同しき業もちて洋書調所に仕へ、同じく遣洋留学の仰を蒙れる津田行彦も和泉橋とをりに住ミて程ちかけれは、人はしらせて同しく路につきけり、義兄手塚をはじめ妻および家の人隣の人々其外睦ひし朋友なと見送にとて和泉橋迄来りて別をなし、中には教への子妻方の児子なと送りて築地の操練所まで至りき、午のときすきはかりに押送の船ニて品川の中なる咸臨丸に乗組なしき、(…) 抑か丶る大任を蒙りつるは賤しき身に余れる御恵ともおほえぬれと、才薄く学浅けれはなかくに惶くて蚊の山負へる心地そすなる、されと素より業となしつる道の為にしあれは、よし死ねはとていなミ奉らしと心に誓ひ、夫のいにしゑの空海伝教等か仏の道求めんとて唐天竺へ行きしもかくこそあらめなと、名高き僧たちもちて自らおくへらんもいとおこかましく覚へ侍るなり、さはいへと、此事をしも思ひ企てしはなか〳〵にあさゆふのことにはあらすて、年久しくねかひ居ぬことなりけるに此度はからすもねかひのまに〳〵ことさちわひぬ」（西：三三九以下）。

あとは同行の赤松大三郎則良の半生談から引く。**赤松則良**（一八四一―一九二〇）は長崎海軍伝習所に学び、この留学の前にも、万延元年（一八六〇）の遣米使節派遣のとき咸臨丸に乗り組んでサンフランシスコへ行っている。海軍建艦の基礎を築き、のち海軍中将、男爵になった。妻は林研海（一八四四―八二）の妹貞。同じく林の妹である多津は**榎本武揚**（一八三六―一九〇八）に嫁しているし、弟紳六郎は西周の養子になった。赤松の娘登志子は森鷗外（西周の従兄妹の子）の最初の妻で、於菟を生んだ。この最初期留学生は家族関係でも結びついている。

「さて咸臨丸に乗組んだ我々は此日（六月十八日）の夕七ツ時（午後四時）前途に多大の希望を抱いて品川湾を抜錨して長崎に向ふ。朝陽丸も亦此日小笠原島に向つて出帆した。

翌暁浦賀に着したが風波暴き為め滞留、二十四日出帆直路鳥羽に向はうとして機関に故障を生じたので、其夕方下田に投錨した。然るに此頃関東方面には麻疹の大流行で、船中にても亦浦賀滞在の頃からポツ〳〵患者を出したが、下田入港の頃から毎日三、四人宛の新患者を発生して一行中先づ榎本が発疹し、尋で沢・内田・私にも伝染し、職方の者も同様で、咸臨丸乗組員や便乗の士官が

十二、三人病床に着く。総員の三分の二が患者だといふ始末だから、遂に下田を出ることが出来ない。其中に咸臨丸乗組士官の豊田港が余病を併発して亡くなるといふ不幸などが起つて已むを得ずして八月朔日迄此所に淹留するに至つた。（…）

八月二日下田を出帆して鳥羽に向つたが、航路を錯つて行過ぎ、遅れて志摩国的矢浦に入港、此所で測量士官を上陸させるなどで八日間碇泊した上、九日の朝六ツ半時（午前七時）出帆、夕刻風波を二木島に避け、翌十日抜錨、十二日夕兵庫着、十三日神戸発、同夜五ツ半時（午後九時）讃岐国塩飽島に碇泊した。此地は私たち一行中の職方古川庄八・山下岩吉の故郷であるから、海外万里の永い旅に上るに当り親戚故旧に対し暇乞をさせんが為めに態々寄港したので、乗組水夫の大部も亦此島出身者であつたので、島民は小舟を艤して来り、本船を取巻き親戚故旧互に相見て呼ぶといふ有様であつた。

十四日の夕六ツ半時（午後七時）塩飽島を出帆、上ノ関を経て十六日夜下ノ関着、此所で石炭を積入れ十八日出帆福浦に寄り、途中石炭の乏しくなつたので十九日肥前国田助浦に入港、漸く二十二日になつて石炭船の入つて来たのを待つて之を買入れることが出来たので、翌朝抜錨昼後八ツ半時（午後三時）長崎に着船投錨した。私たちは江戸を六月十八日発してから此日即ち八月二十三日に至る前後六十五日掛かつた訳で、途中の故障とは云ひながら今日から思へば実に悠々たる航海であつた。」（赤松：一二五以下）。

長崎からはバタヴィア行きの「誠に小さな風帆船」カリップス号に乗った。「十月四日船はガスパル・ストリート（Gaspar Str.）に入る。即ちボルネオ（Borneo）とスマトラ（Sumatra）との間に在るバンカ島（Bangka）とビリトン島（Billiton）との間の海峡で、亦暗礁の多い処であるが、此辺は既に赤道近く驟雨が日々数回来る為めに、暑熱も凌ぎ能く且つ涼風が起るので船の進行をも援ける。翌五日の朝又錨を上げて出たが、風が少しもなく海面は油を流したやうに静かで、船足は殆ど止つて了つた。此海峡の中央にリアート島（Liat）といふ樹木の繁茂した小島があつて、其の西の瀬戸は比較的暗礁が少ないので其航路を執つたのであるが、潮流の急な為めいつしか此小島の一里近くまで流されて、此日は此所に投錨した。翌る朝風が出たので是れ幸と錨を上げて少しく船が出るかと思ふと、船底へドシンと突当つたものがある。素破暗礁だといふ騒ぎで船長以下狼狽して脱出に努め、漸くそれを離れるかと思ふと又突当てヽ了つた。一同焦慮して引出さうと工夫したが容易に今度は動かない。一体此辺の潮の干満は一昼夜に一回で、其差は九尺程もある。船体は干潮と共に漸次傾斜し初めて十八、九度になつた。午後満潮を待つて引卸しにあらゆる方法を施したが殆ど徒労に帰したので、船長も我々を呼んで「最早万策尽きて施す術なきに至つた。言訳はないが、此上は各々生命の安全を計る為めに近傍の島へ上陸する外はない」といふ。一等安針役は中々元気のある男で、遥かにリアート島の近くに漁船と覚しき小舟が十隻程浮んでゐるのを目懸けて、ボートに乗つて出掛けて往つたが、忽ちのうちに三隻の馬来人の乗つてゐる漁船を率ゐて帰つて来たので、力を協せて引卸しを試み我々も手伝つたが更に効果はなく、傾いたまゝの船中に泊ることにして不安の一夜を明かした。

(『西周伝』には、「漁艇数隻あり。船の坐礁を知るに及びて、皆先を争ひて来り集まる。乗る所の民皆馬来種にして、其意船の廃するに至りて貨を奪ひ利を射んと欲するものゝ如し。一行皆刀を佩びて以て不虞に備ふ」とある。鴎外c:八〇)

翌七日は驟雨が屡々来り早風も交つて波も高かつたが、前日約束した漁船四、五艘が来たので重ねて最後の努力を試みたが、此の日は風と波とで船体の動揺が甚しく、水垢は溜る、綱は切れる、殆ど絶望の姿となつたので、一同遂に船を放棄してリアート島へ避難することに定めた。

私達は馬来人の漁船に手廻りの荷物を積込み、分乗してリアート島へ上陸したが、来て見ると遠望した如く樹木も茂つてはゐるが何れも水中から生へてゐるので、少し許り高い場所は燥いてはゐたが土に波紋のあるのを見れば、満潮には大部分水に浸ることが知れる。私たちは船から携へて来た帆布を張つて雨露を防ぐ準備をし、粥を煮て餓を凌ぎ、地上に莫蓙を布いて夜を迎へたが此日の夕刻にはカリップス号は部屋々々まで浸水するに至つたとのことである。荷物は大川・古川の両人や和蘭人が残留して大体揚げることが出来た。此夜は土人襲来の万一に備へる為めに、交る〴〵夜警をしたが弦の月清く晴れ渡り、孤島に旅愁を味ふて壮者も万感胸を衝くものがあつた。一行中津田真一郎の歌がある。

伊久利立、賀須巴乃海門爾、船奈豆三、中乃島回乃、月乎見加奈［イクリタツ、ガスパノセトニ、フネナヅミ、ナカノシマワノ、ツキヲミルカナ］（沢太郎左衛門翁の日記に此歌あり、茲に入れる。リアート島の名は中の島といふ義なりと）（…）

此日船長から漁船に托して此所から西南十三、四里を距てたレパル島（Lepar）の酋長の許へ馬来語で救援を請ふ旨の書面を送つたので、翌九日の午前には其酋長夫婦が二十艘許の小舟を率ゐて救助に来て直ちにレパル島へ行くやうにとの事であつたが、何分にも荷物が多いので先づ乗れるだけ行かうといふ事になつて、私と内田・津田・西の四人と職方の古川・大野・中島・山下と馬来語に巧な和蘭人ファン・サーメレンと尚一人の一等按針役等と共に先発し、日暮れ夜更けてレパル島に上陸することが出来た。此島は直径半里許の小島で人口も僅かであるが、皆回教徒で礼拝堂がある。私たちは其酋長の家へ泊つた。其家は小高い丘の上に在つて三千坪程もあらうかと思ふ大きな構で、周囲には板塀を廻らし隅々には櫓ともいふやうなものが在つて、古びた長さ一間半程の元込の砲が備へなどしてあつた。家屋は瓦葺の破風造であつたが、之は酋長の家だけで普通のものは皆椰子などの葉で葺いたもので、当時の私たちには総てが頗る珍らしい構造であると感じた。

扨島へ上陸すると翌日直ぐにリアート島に残つた人々を迎へに七隻の漁船を出したが、予期の時刻になつても杳として其消息が判らないので、私達先着の者は非常に心配して皆夫々手分けをして島の廻りへ見張りに出て諸所へ焚火をするなど大騒ぎをしたが、十二日の白々明けになつて一同は漸く到着した。只船長のポールマンと水夫三人とは遂に来なかつた。是は蘭領ボルネオに属するビリトン島の方へ逃げて了つたのだといふことであつた。

酋長の家では私たちが遭難者でもあり、又初めて来た異国の客でもありするからであらうが、非常に歓待して慰めて呉れるつもりで自分も出て来て食事を共にしたが、食膳に供へられた料理などは当時の私たちには材料の見分けもつかないやうな物が多かつた。珍客の接待用として備へたフォークやスプーン、ナイフもあつたが酋長自身は巧みに指で摘んで食つて居た。私たちも未だ西洋料理には不慣れなので、上田寅吉に箸を削つて貰つてそれで食べたが、酋長は之を頗る珍らしがつて見てゐたのを覚えてゐる。（…）

（『西周伝』では、「島民皆檳榔子を嚼む。歯黒く唇紅なり。又膚に塗り食を調ふるに、皆椰子油を用ゐ、其臭鼻を撲つ」。鴎外c：八二）

十五日になると午前十時頃バンカの方向から一艘の蒸気船が来る。見ると軍艦で檣頭に長旒旗を飜し小船を二艘曳いてゐた。午後になると其軍艦から艦長の海軍大尉が端舟で上陸した。之はバンカ島の常備艦ギニー号で、艦内にはレジデントも乗込んで私たちを迎へに来て呉れたので、一艘の小船には私たちの荷物、他の一艘には蘭人の遭難者を乗せるのだといふことで、是れから出発の準備に着手したが荷物が多いので到底一艘の小舟には積み切れない。乃で更に酋長に頼んで漁船を二艘出すことにして貰ひ皆協力して其夜の十二時過ぎに積荷を終つたが、潮の具合で十六日の暁方に漸くレパル島を離れた。

遭難以来種々厄介になつた酋長には諸般の費用としてファン・サーメレンから話して貰つて八十六弗三十仙を遣り、榎本から短刀一口、裁付袴、日本の旗、私から手槍一本を記念の為めに贈つて感謝の意を表した。私たちが小舟で軍艦ギニー号に乗り込んだのは午後五時頃になつた。軍艦の仮泊した地点が遠距離であつたのみならず、正午頃に仏蘭西の商船が浅瀬に擱座したのを引卸すとて出動したので、徒に海上で潮の満ちて来るのを待つてゐた為めに恁様に遅くなつた。私たちは小舟の中で驟雨に遭つてズブ濡れになつたので、ギニー号に乗移つた時の姿は散らし髪、足袋跣足で全で狂人のやうな有様であつた」（同前：一三三以下）。

それからトバリー港へ行き、郵船に乗り換えてバタヴィアへ向かった。「十八日の朝バタヴィアの港へ着いた。バタヴィアは蘭領第一の港で、各国の軍艦商船が沢山出入し、近くには支那人町、遠くには洋館の宏壮なる建物が見えるので、私たちは其繁昌に驚いた。（…）一行中、林・津田・西・沢など此地の風土病の熱病に冒されたが、幸にして何れも大した事もなく、三、四日で癒つた」（同前：一三九以下）。

バタヴィアからは客船テルナーテ号に乗った。「月末に入りマダガスカル島の沖で冬至線を越えると、此辺から貿易風が止んで喜望峰の近く迄は颶風や竜巻の多い地帯であるから、船長を初め一同窃かに心配したが、幸にして恙なく此境を過ぎることが出来た。十二月二十九日は恰度日本の大晦日で、田口俊平の狂句がある。

まだかすと聞いて嬉しき年の暮

私達はサルーンに集まつて江戸の歳末の情況など咄し合ひ、江戸絵図を広げて互に懐郷の想に耽つたことであつた。

明くれば文久三癸亥年正月元日で、西暦千八百六十三年二月十八日に当り、本船は東経五十二度十二分、南緯二十八度二十八分、マダガスカル島の西リウニオン島の沖に位置し、曇つた蒸暑い日本の五月頃の気候であつた。一行は元日の式を行ふ為めに皆黒紋付に小袴・割羽織を着し、脇差を佩し、扇子を携へて船室に集り、船から求めた三鞭酒七本を屠蘇代りにし、船長・一等按針役其他相客の蘭人等を招いて祝宴を催したが、船長も私たち異郷の者を慰める為めに晩餐には特に意を用ゐて献立をして呉れた。其食膳に缶詰の桃が出たが、此時始めて缶詰といふものを知つた」（同前：一四五）。

セント・ヘレナ島ではロングウッドにあるナポレオンの幽居や墓を訪ねた。榎本の詩がある。

長林烟雨鎖孤栖　　長林の烟雨 孤栖を鎖す
末路英雄意転迷　　末路の英雄 意転た迷う
今日弔来人不見　　今日 弔来の人を見ず
覇王樹畔鳥空啼　　覇王樹の畔 鳥空しく啼く

「前年（一八六二年）六月十八日日本江戸を出発してから此日迄、実に三百二十二日であつた。私達一行十五人は長崎を離れてからは、南洋の海難に遭遇して爪哇に上陸したのと、セント・ヘレナの孤島に薪水を得る為めに寄港した以外は、茫洋たる海上に昼を送り夜を迎へ、殆ど一年に近き月日を費して、目的の地たる和蘭に恙なく到着したのである」（同前：一五六）。

最終行程こそ「恙なく」であろうが、冒険談と言っていい旅である。

《珍　談》

明治ともなれば、難破遭難など、前時代の漂流記もどきの経験はさすがになくなるが（しかし一九一二年遭難沈没したタイタニック号にも日本人が乗っていた。細野正文（一八七〇―一九三九）という人で、鉄道院の在外研究員だったから一応留学だ）、整わぬことは多かった。

松江藩医の息子で物理学者の北尾次郎（一八五四―一九〇七）は、明治三年（一八七〇）一二月三日、**池田謙斎・大沢謙二・長井長義**らのちの医学界薬学界の重鎮になる人たちとともに、選ばれてプロイセン留学の途についた。**大学東校留学生**一行中の最年少である。森有礼や伏見満宮、西園寺公望ら（この時代は華族の留学も奨励されていた）の乗るアメリカ船でサンフランシスコへ行き、大陸を横断しニューヨークへ、そこからヨーロッパへ渡った。だが、長井長義（一八四五―一九二九）は東校留学生の一員なのに、その船上に姿がない。乗り遅れたのである。

長井と親交のあった石黒忠篤の回想によると、「その時予は長井の平常佩びて居た短刀を荷物の中へ入れて行くことを勧めた。何の為かときくから座を正し声を励まして曰く、大和魂は大和男児の片時も離すべからざるものだ。若し命ぜられた学科の蘊奥を究むることが出来なかつたら、切腹して彼地の土となる事を忘るな。然し郷里に残された両親は、予が粥をすゝるとも生涯安く過させる事を云つたら、長井も座を正して、如何にも左様なりと云つた（…）／そこで当日発船の時刻に海岸に行つた処、船はもう烟を吐いて居る。夫に浪が高いので艀が遅れ、気が急ぐから予も手伝つて櫓を押したが、その内にたうとう発船したので、オイ〳〵と呼んだが構はず出て行つて了ひ、また乗り後れて了つた。止むなく艀を漕ぎ戻す内、又乗り後れたと云つて東京には帰れぬから、発つたと云ふことにして置いて、次の便船までの間、横浜に居て語学をやつたが良からうと云ふことに決し、長井を横浜の知人篠田と云ふ人に頼み、予は東京に帰つた。／長井は篠田の世話で独逸人の処に通ひ、独逸語を習つた。その間二度ほど大学の書生寮に居る予の処に訪ねて来たが、他人に知られると具合が悪いから、晩にこつそり遣つて来て予を近所まで呼び出し、宛然色女にでも会ふ様や具合であつた。／で予は近頃色女に逢つて居るぢやないかと疑はれたが、本当の事を打明ける訳にも行かず、遂にその疑をはらさず仕舞になつた。三十日遅れて二月二日、次の船で漸く出発した」（金尾：六七以下）。業成らずば腹を切れと言い放つ厳粛な場面のあとのいささか間抜けな「色女」出没は、いかにもこの時代ならではのコントラストだ。

長井はその船の中で食事に困った。「私は洋食を食べることが出来ない。只コックが横浜で仕入れたと云ふ薩摩芋だけで、パンもバタでは食へなくて砂糖をつけた。桑港までの廿五日間と云ふもの、私は良く薩摩芋と砂糖をつけたパンと日本の御菓子とだけで過したものである。洋食が食へないと云ふ丈ならまだいゝが、あの肉や脂油の臭ひを嗅ぐと食欲を減殺されてしまふ。殊にバタの臭いが嫌で堪らなかつた。肉はまだ食べたくなかつたが、空腹になるので仕方なく徐々に取るやうになつた。加州のオレンジとクネンボは実にうまくて、之で蘇つたやうな気がした」（同前：七七）。

次郎らの一行の大沢謙二の回想では、「それから鏡に突当つたことがある。壁全体が鏡になつて居る所があつたのでね。ハテ向ふから何だか見たやうな男が来るなと思つて行くと、ドンと突当つて驚いた。是は私ぢやないが湯に這入つて水口を捻ったら湯が出て来た。あちらの浴槽には湯と水と二口あつて自身に調合する様にやつて居るのだが、それがどうした加減か湯の口が閉されぬので段々湯槽から溢れるやうになり、熱くてたまらぬから出やうと思つた所が、出口に錠が下ろしてあつて容易に出られぬ。サア周章てて仕舞つて大声で叫び廻つてやつと戸をあけてもらうや否や、裸体で駈出して二階へ飛上つたと云ふやうなことがあつて、イヤ一時は大分評判で新聞へまで出された。何しろ此時分の洋行には色々失敗談がある」（大沢：二二六）。

次郎たちがベルリンにいた明治六年（一八七三）、文部省は一時官費留学を廃し、留学生の引き揚げを発令した。「当時留学を命ぜられた人の中、我々医学の方は皆洋学をした方であつたけれど、其外の奴は御維新の時分働いた豪傑連、イヤ誰の首を取つて来たとか何とか云つて威張つて居つた男で、指の無い奴や胸に創のある奴や、さう云ふ殺伐な手柄で以て洋行を命ぜられたのだから、アベセーのアの字も分らぬ連中ばかり、従つてこれらの先生たちは退屈して仕方がないから、金のあるに任せて遊んだものだ」（大沢：二三三）。「玉石混淆あまりにひどいから、下らぬ奴はその中から引抜いて帰国さすがよからうとの主意で、今の枢密顧問の九鬼隆一氏が、当時大学の四等出仕かなんかで、やつて行くと、九鬼の野郎がきやがつた、畜生切つてしまえなどと騒いだこともあつた」（池田：二四四）。しかし自費なら残ってよかったので、大沢は明治七年八月まで（明治一一―一五年に再度留学）、池田は九年、次郎は一六年、長井は一七年まで留学を続けた。

真宗大谷派の学僧で、わが国の近代仏教学・サンスクリット学の祖と言うべき**南条文雄**（一八四九―一九二七）の自伝『懐旧録』は、僧兵であった履歴から始まる。大垣の城下に生まれた彼は、慶応二年から四年の間（一八六六―六八）、藩の僧兵になり、鉄砲を持って三里廻り七里廻りの調練で走らされた。ついに出陣することなく解散したのは幸運だった。終わってしまえば笑い話だろうが、そんな平安時代にまで連なる歴史を生きていたわけである。彼が行きたいと念じていたチベットにもその同類（河口慧海の言う壮士坊主）がいたわけで、東西古今が体現されているような気がする。

彼は、サンスクリット（梵語）の知識の必要を痛感していた本願寺法主に英国留学を命ぜられ、**笠原研寿**（一八五二―八三）とともに明治九年（一八七六）六月一四日横浜を出港したのだが、その時は二人とも外国語ができなかった。笠原が少しフランス語が読めただけだ。「唖に聾の旅行」と自嘲している。けれども、使命を果たし、立派に学業を成し遂げた。英文大蔵経目録を作り、博士号を受けた。要するに、人物が大事だということだ。道具にすぎない語学など、あとからついてくる。

しかし、「唖に聾」だから、当然失敗もする。ロンドンに着き、出迎えの公使館書記生に宿屋へ案内をしてもらった。「その晩私は旅の疲れでねむたくてしようがない。部屋にはガスが灯っている。しかし私はどうしてそれを消してよいか解らない。しかたがないから、簡単にフッと吹き消して、安心して眠りについたのである。ところが夜中になって何だか外が物騒がしく、部屋の中は変な悪臭でいっぱいになっている。外の人たちはどこかにガスが漏れているというので騒ぎだしたのであるが、それが私の部屋の近くに来てますます激しくなるので、ついにこれをしらべに来たのである。そしてようやくのことで螺旋を廻わしてくれたのでまずまず助かった」（南条：一〇〇）。そのまま気がつかずにいたら、留学初日に死亡、なんてことにもなったかもしれない。

そんなことがなくてよかった。留学中のその精励ぶりは、たとえばこうだ。「フランス・パリーに達しとどまること三旬日、日本公使館の保証で、パリー図書館より『翻訳名義大集』（Maha-vyutpatti）の二大冊、及び馬鳴の『仏所行讃』（Aśvagosha Buddha-carita）の梵文の写本とを借り出し、二人手を分かち、日をかぎりてこれを謄写した。その他『梵漢辞典』、『法集名数経』の謄写及び『入楞伽経』、『金光明経』の抄写を完了したのであるが、これらはいずれもマ先生（マックス・ミュラー）の注意によってであった。十月に入って一堂はオックスフォードに帰り、さらに二日をへてケンブリッジにいたり、同地大学所蔵の梵本を借りて、パリーにおける『仏所行讃』の所写を校合し、十二月オックスフォードに帰ることとなった。今日から回想してみると、この当時ほど緊張したことはない。文字通りの不眠不休で、全く寝食を忘れての研鑽であった」（一八八一年。同前：一三六以下）。

当時ロンドンには日本学生会というものがあって、毎月例会を開いて所感を述べたり研究を発表したりしていた。南条らもここで仏教について話をし、好評だったので英語でそれをまとめることにして、「全文を英文に翻訳してみたが、これを校正してくれたのはハンガリーの人でイギリスに帰化していたディオセー君であった。この人は実に語学の天才で、英独仏三ヶ国語は全く自由なものであった。ことに日本人にもよく交わって、日本語もよくできたのでディオセー君の校正してくれたのは実に好き幸いであった。ディオセー君はおもしろい男で、日本文は片仮名交りでこれを認め、よく「マッテイマス、アソビニイラッシャイ」などといったふうの口語文で手紙を寄こしてくれた。ことに宛名ときては非常に奇抜なもので、いわゆる宗教家に付する尊称 Reverend の日本語訳を用いて「南条坊主様下」と書いたのは噴飯に価いするもので、その当時も笠原君とまた坊主様下が来たと言ってよく笑ったものである」（同前：一〇四）。

紹介者を得てサンスクリット学の泰斗マックス・ミュラーのもとに来たのは明治一二年（一八七九）二月のことであったが、そのとき知人が日本で入手したという悉曇の辞書「梵語雑名」を示され、日本における梵文の原典について問われた。慈雲尊者をはじめ邦国にも悉曇学の研究はあったのだが、絶えていたのである。中国経由のその学統が失われたあとで、近代のサンスクリット学が西欧経由で始まった、ということだ。

なお、笠原研寿が明治一五年（一八八二）九月肺疾のため帰国したあと、一二月に石見邑智郡川本出身の真宗本願寺派の僧**菅了法**（一八五七―一九三六）がオックスフォードに来たので、彼と同居した。グリム童話を日本で初めて翻訳した人物である（『西洋古事 神仙叢話』、明治二〇年四月）。帰国後自由民権運動に投じ、第一回の帝国議会で代議士となった。のち、江戸時代念仏禁制で隠れキリシタンならぬ隠れ念仏のいた旧薩摩藩鹿児島県で、真宗寺院の開基となる。

明治一六年（一八八三）『大明三蔵聖教目録』を完成させ、翌年オックスフォード大学からマスター・オブ・アーツの学位を受けた南条は、同年三月、アメリカ回りで帰朝する。しかし、笠原とは帰国時にはかならずインドに立ち寄って仏蹟を礼拝するという約束をしていた。本願寺派の僧北畠道龍がマックス・ミュラーを訪ねてドイツからオックスフォードに来たときに、帰途インドに寄り仏蹟を巡拝するのに同行を誘われたが断っていた。インド行きの宿願は明治二〇年にようやく果たされる。コロンボ、カルカッタ、ダージリン、ブッダガヤ、ボンベイと巡った。カルカッタではアジア学会の図書室で『梵文無量寿経』を校読する。ミュラーの弟子である南条は、イギリスの植民地インドでは知己が多かった（ただし白人ばかりである。インド人の知人もいればいいのだが。ちなみにロンドンで中国人とは交友があった。帰国後南京に金陵刻経処を開設し仏教書籍を刊行した楊文会など）。留学も考えていたようで、ベナレスの梵語専門学校で旧知の校長シフネルに「インド留学の所志を披瀝したが、氏は切にその無用とインドの不健康地なるとを説いてことの断念を勧告せられたので、私もついにその所志を翻してシフナル氏の懇切な注意にしたがうことにした」（同前：一二三）。この帰途には中国にも立ち寄り、天台山に登っている。ミュラーにはチベットに行って経典を収集するように勧められていたが、これは果たせなかった。やがて弟子の能海寛がチベットへ向かうことになる。

僧侶の留学というのは近代留学の場合見過ごされがちだが、本来留学の正統である。遣唐使や中世の禅僧の入宋入明を見れば明らかだ。近代初期、その古き歴史があざやかによみがえったわけである。

南方熊楠の『履歴書』

南方熊楠（一八六七―一九四一）の「留学」は破天荒である。和歌山の資産家の家に生まれ、上京して大学予備門に入ったところまでは立身出世のコースだが（同期生に夏目漱石、正岡子規、秋山真之などがいる）、じきに退学してアメリカへ渡る。それが明治一九年（一八八六）の暮れで、翌年まずサンフランシスコのパシフィック・ビジネス・カレッジに入学するが、すぐにやめ、ミシガン州ランシングの州立農学校に入る。しかしあるとき日米の学生と寄宿舎で小宴を開き、ウイスキーをしたたか飲んだのを校長に発見され、学友の罪を一身に背負って退学、アナバーへ行って滞留。ここでは大学に入らず、図書館に通いながら林野を歩いて自然を観察、植物を採集していた。フロリダにはまだ知られていない植物が多いと聞き、明治二四年（一八九一）フロリダのジャクソンヴィルへ行き、中国人の牛肉店に寄食して、昼は商売を手伝い、夜は顕微鏡で生物を研究した。同年、キューバに渡った。そこで地衣の新種ギアレクタ・クバナを発見した。「これ東洋人が白人領地内において最初の植物発見なり」（『履歴書』。南方b：九）と自慢している。さらにイタリア人の曲馬団に加わっていた川村駒次郎という曲芸師に誘われ、それに加わって二ヶ月の間ハイチ、ベネズエラ、ジャマイカまで回っている。その間、「小生は各国の語を早く解し、（…）曲馬中の芸女のために多くの男より来る艶簡を読みやり、また返書をその女の思うままにかきやり、書いた跡で講釈し聞かせ、大いに有難がられ、少々の銭を貰い、それで学問をつづけたること良久しかりし」（柳田国男宛書簡。南方e：三六三）。

明治二五年（一八九二）九月、渡英。ロンドンで足芸師美津田滝次郎と知り合い、彼を通じてプリンス片岡なる男を知る。「この片岡は cant, slang, dialects, billingsgate 種々雑多、刑徒の用語から女郎、スリ、詐偽漢の套言に至るまで、英語という英語通ぜざるところなく、胆略きわめて大きく種々の謀計を行なう。かつて諸貴紳の賛成を経て、ハノーヴァー・スクワヤーに宏壮なる居宅を構え、大規模の東洋骨董店を開き、サルチング、フランクスなど当時有数の骨董好きの金満紳士を得意にもち、大いに気勢を揚げたが、何分本性よからぬ男で毎度尻がわるる。（…）おいおい博賭また買淫等に手を出し、いかがわしき行い多かりしより、警察に拘引せられ、ついには監獄に投ぜらるることもしばしばにて、とうとう英国にもおり得ず、いずれへか逐電したが、どうなり果てたか分からず。（…）当時小生は英国に着きて一、二の故旧を尋ねしも父が死し弟は若く、それに兄がいろいろと難題を弟に言いかくる最中にて国元より来る金も多からず。日々食乏しく、はなはだしきは絶食というありさまなりしゆえ、誰一人見かえりくれるものもなかりしに、この片岡が小生を見て変な男だが学問はおびただしくしておると気づく。それより小生を大英博物館長たりしサー・ウォラストン・フランクスに紹介しくれたり」（『履歴書』。南方b：一二以下）。

無所属独学、住居も「ロンドンにて久しくおりし下宿は、実は馬小屋の二階のようなもの」で、ひどい陋巷で電報も届かなかったという。あまりに部屋のきたなさに、訪ねてきた両翅虫学の権威でシカゴのロシア総領事だったオステン・サッケン男爵は、出された茶を飲まずに帰った。そういう生活をしていただけに、まじめな官費留学生なら決して交わらない類の人間と交際があっておもしろい。たとえば大井憲太郎の子分で高橋謹一という男が、シンガポールから「この者前途何たる目的もこれなく候えども、達て御地へ参り候につき、しかるべく御世話頼み入り候なり」などという珍無類の紹介状をもらって渡英してきて、「少々の荷物をケットに包み、蝙蝠傘にかけて肩に担うただけでも英人は怪しむに、理髪店に入って頭を丸坊主に剃らせ、むかし豊年糖売りが佩びたような油紙製の大袋に火用心と漆書きしたのに煙草を入れ、それを煙管で吸いながら、大英博物館に予を訪れた」（南方c：二一〇二）そうだ。「日に暮を料らずという体だったが、奇態に記憶のよい男で、見るみる会話が巧くなり、古道具屋の賽取りをしてどうやらこうやら糊口しえたところが、生来の疳癪持ちで、何か思う通りにならぬ時は一夕たちまち数月かかって儲けた金を討死と称して飲んでしまう」（南方a：二〇九）。熊楠が大英博物館を追い出されたときには、この高橋入道が助けてくれた。「予五百円の資本で千円ほどの浮世絵を借り入れ、面白くその筆者の略伝、逸事や、ことには数限りなき画題や故事の説明を書き並べ、講釈入りの目録を作り、安値に印刷させ、入道それを持って日々ロンドンの内外へ持ち廻り売り歩いた。予は大英博物館を出て間もなく、戯作の大家アーサー・モリソンの世話で、南ケンジントン国立美術館の技手となり浮世絵の調査を担当した」（南方c：二〇三）。

当時亡命中の孫文とも交友があったけれども、革命が成功してこそ国父だが、そのころは要するにお尋ね者であって、熊楠と釣り合う境遇である。

のちの真言宗高野派管長土宜法竜は、シカゴでの万国宗教大会に参加したあとロンドンに寄り、明治二六年（一八九三）一〇月大英博物館で熊楠と知り合って意気投合し、長く文通を続けた。そのころ法竜はチベット行きの希望を持っていて、一方熊楠は、「只今アラビヤ語を学びおれり。必ず近年に、ペルシアよりインドに遊ぶなり」（南方g：六）と考えていた。このころ公使館にいた後出楢原陳政に喇嘛教について問い合わせてもいる（なお彼はその答えに、「北京には数個の大喇嘛寺あり。紅教、黄教ともに有之。喇嘛僧正は北京雍和宮および西山喇嘛寺におる。喇嘛は清帝満州以来崇むるところにして、これにあらざれば満蒙諸族を圧すること能わず。故に清帝喪祭その他祷雪祷雨は喇嘛僧これを主る。（…）北京の喇嘛寺は、雍和宮、崇慈寺、栴檀寺、隆福寺、護国寺を首とし、喇嘛は総管喇嘛、班弟札薩克大喇嘛一人、同副一人、札薩克喇嘛四人、大喇嘛十八人、この他通常喇嘛は一万以上に及ぶ」と詳細に知らせる。この人の中国知識のほどが知られる。南方ｄ：二〇二）。明治二七年（一八九四）頃には、「私は近年諸国を乞食して、ペルシアよりインド、チベットに行きたき存念、たぶん生きて帰ることあるまじ」、「今一両年語学（ユダヤ、ペルシア、トルコ、インド諸語、チベット等）にせいを入れ、当地にて日本人を除き他の各国人より醵金し、パレスタインの耶蘇廟およびメッカのマホメット廟にまいり、それよりペルシアに入り、それより舟にてインドに渡り、カシュミール辺にて大乗のことを探り、チベットに往くつもりに候。たぶんかの地にて僧となると存じ候。回々教国にては回々教僧となり、インドにては梵教徒となるつもりに候」（南方ｄ：一三九）と言い、もし法竜がチベット入りをするなら、「通弁は小生なすべし。仁者いよいよ行く志あらば、拙はペルシア行きを止め、当地にて醵金し、直にインドにて待ち合わすべし」（同前：二四〇）と書いているが、結局実現しない夢だった。

当時は世界に冠たる大英帝国の最盛期であり、その首府にある大英博物館はまさに世界の知の集積地であった。熊楠はそこに通い、朝から晩まで本を読んでいた。彼のような「至って勝手千万な」大独学者が人に掣肘されず思うさま学問をする理想的な環境であったかのようだが、そこもまた俗世である。人がいる。衝突する。彼は博物館で白人を殴打し、その後もたびたび紛争を起こして、とうとう出入り禁止になってしまった。鼻の高い白人のもっとも鼻の高い時期だから、東洋人に対する人種差別は当然あった。軽侮に甘んずる男でない熊楠がそれに反発するのもまた当然で、彼は弁明書にこう書く。「私の友人は、私が最近読書室でやったことは英国民の間に、私の祖国についての悪い評判を抱かせてしまうだろうと、親切に忠告してくれました。この忠告に心から感謝しながら、私はその親切に対するお返しとして、ひとつの指摘をしておきたいと思うのです。それは、私が何人かの英国人から受けた数々の侮辱は、かならずや日本国民の間に、英国民に対する有害な偏見を引き起こさずにはいないであろうという指摘です」（松居：一七七以下）。正しい指摘だが、正しすぎるために当然撥ねつけられる指摘で、ましてや復館の陳情書にあってはならぬ指摘で、結局彼は大英博物館を去ることになる。なんら不思議のない事の帰結で、このゆえにもなおこの人を愛さずにはおれない。一方にモリソンやロバート・ダグラスなど彼の才を惜しんで復帰に尽力してくれた英国人、他方に「署名して一言しくれたら事容易なりしはず」なのに何もしてくれなかった加藤高明公使ら日本人を配して。世の中には地位を見ず人を見る人たちと、人を見ず地位を見る人たちがいて、前者がイギリス人に多かったことも言っておかねば片手落ちだ。後者が残念ながら地位ある日本人に多いことも。

留学は外国へ学びに行くことであるから、その外国は進歩発展した国であるはずで、そういう国の人々が、彼らの国に学びに来なければならぬほど遅れた国の者を軽侮するのは自然なことではある。つまり、差別だ。これも留学に構造的に付随する問題である。それに憤慨するのは許される。大いにしてよろしい。ただし、そのとき日本人がたとえば中国人留学生を差別してきたことを忘れるのは許されない。

《北京籠城》

近代蒸気船の時代には、遣唐使の頃と違い中国渡航自体は難事でないが、渡った先での生活が平穏とは限らない。いや、混乱する清末期では戦乱に遭遇するのは普通にありうることのひとつである。西欧だとて、留学中戦争勃発（第一次・第二次大戦）に立ち会うことはあった。しかし、銃弾飛び交う中みずから武器を取って戦う留学生というのは稀有であろう。

アヘン戦争以来欧米列強の蚕食をうけていた清朝であったが、日清戦争敗北以降、「眠れる獅子」ではないかという恐れが完全に消え失せて、帝国主義的略取に拍車がかかった。その中で「滅洋」を掲げる義和団が山東から華北に勢いを得て広がり、キリスト教会や中国人キリスト教徒（教民）、外国人宣教師を襲って暴乱の様相を呈してきたところ、西太后の清廷がそれに便乗して列国に宣戦布告してしまい、北京・天津での戦闘となった。いわゆる義和団の乱、北清事変（一九〇〇）である。

情勢が険悪になってきたのを見て、公使以下の外国人居留民を守るため、五月三一日に天津から北京へ四〇〇人ほどの救援隊が派遣された。さらに六月一一日、二〇〇〇人の増派隊が送られたが、鉄道が破壊されていたため到達できず、天津へ引き返した。その日の朝駅へ出迎えに行った人たちは空しく帰り、午後日本公使館の杉山彬書記生が一人でもう一度駅へ迎えに出たところ、清国兵に殺害された。遺体は切断され、心臓が抉り出されるという無残さだった。結局この増派隊は到着せず、最初の二〇六名（うち日本兵二七名）の兵士で東交民巷の外国公使館地域を守ることになるのだが、これでは少なすぎるので、義勇兵が集められた。欧米人が四四名、日本人三一名。一見して数が非常にアンバランスなのがわかる。日本人の男は戦える者はほとんどが義勇兵となったが、欧米人はそうでない、ということだ。義勇隊の名簿には、**野口多内**（外務省留学生）、**服部宇之吉**（文部省留学生、東京帝国大学文科大学助教授、文学士）、**大和久義郎**（留学生）、**狩野直喜**（文部省留学生、文学士）、**川上貞信**（西本願寺留学生）、**竹内菊五郎**（留学生）の六人の名がある。**安藤辰五郎**大尉も留学に来ていたわけで、これらの留学生が戦闘に参加することとなった。そのありさまはいささか滑稽で、服部宇之吉はこう記している。「六月十日、公使館正門内に義勇隊の勢揃いをなしたる時のごときは、とにかく何かの兵器を手にしたるは十人ばかりにて、その他は徒手なりき。（…）わが義勇隊の様こそ外目には滑稽なりしならめ、急造の支那槍や日本刀などを携えたるは、名こそ義勇隊なれ義和団に似たらずやなどと互いに戯れたることもありき。義勇隊長安藤大尉が、われらに訓示することあらんとして開口一番、義和団諸君といいハッと心づきて、義勇隊諸君といい改めたること一回にはあらざりき。いかに外形の貧弱なりしかを知るべし」（服部宇之吉『北京籠城回顧録』。大山：二〇〇九）。

さらに六月二〇日、総理衙門へ交渉に赴いたドイツ公使ケッテラーが清国官兵に殺され、その夕刻にいよいよ戦闘開始となった。各国にそれぞれ防衛区域が割り当てられたのだが、日本の担当はイギリス公使館東隣の粛親王府だった。指揮をとったのは、**柴五郎**中佐。海関勤務の若いイギリス人下級職員レノックス・シンプソンはウィールの筆名でこう書いている。「数十人の義勇兵を補佐として持っただけの小勢日本軍は、王府の高い壁の守備にあたった。その壁はどこまでも延々と続き、それを守るには少なくとも五百名の兵を必要とした。しかし、日本軍は素晴らしい指揮官に恵まれていた。公使館付武官・柴中佐である。彼は他の日本人と同様、ぶざまで硬直した足をしているが、真剣そのもので、もうすでに出来ることと出来ないこととの見境をつけていた。／ぼくは長時間かけて各国受け持ちの部署を視察して回ったが、ここで初めて組織化された集団をみた。この小男は、いつの間にか混乱を秩序へとまとめ込んでいた。彼は自分の注意を要する何千という詳細事を処理することに成功していた。彼は部下たちを組織化し、さらに、大勢の教民を召集して前線を強化した。実のところ、彼はなすべきことはすべてした。ぼくは自分がすでにこの小男に傾倒していることを感じる。ぼくは間もなく、彼の奴隷になってもいいと思うようになるだろう」（ウイール『率直な北京便り』六月二一日付日記。ウッドハウス：一〇九以下）。「小柄な奇才・柴中佐は、やたらと歩き回って時間を無駄にするようなことはしない。彼は緑・青・赤の点を付した地図を備えており、刻々と変わる兵隊たちの部署、それぞれの兵力、戦闘能力を常に監視・記録している。なぜかぼくは日本軍の持ち場から離れることができなくなってしまった。彼らの組織作りが、それほどにも素晴らしいからだ」（同六月二三日。同前：一一〇）。

柴自身の報告もあるのだが、イギリス人の日記を見るほうがよくわかる。柴五郎はよき日本人の常として謙虚の徳を示し、自分の働きを誇ることがないので、彼の報告ではその功績が見えにくい。外国人はすなおに称賛している。たとえば、「王府の炎上は城壁の上からもよく見える。そこは一大活劇シーンだ。小柄できびきびした柴中佐は、必要な場所には必ずいつもいる」（モリソン日記七月八日。同前：一一一）。「王府の攻撃があまりにも激しいので、夜明前から援軍が送られた。王府で指揮にあたっているのは、日本軍の柴中佐だ。日本兵が最も優秀であることは確かだし、ここにいる士官の中では、柴中佐が最優秀とみなされている。日本兵の勇気と大胆さは驚くべきだ。この点では、わがイギリス水兵が次につづく、しかし日本兵はずば抜けて一番だと思う」（イギリス公使館付通訳書記生ランスロット・ジャイルズの日記、六月二四日。同前：一一二）。「午前十時十五分。王府が大火事だ。柴中佐はマクドナルドに援軍を要請。通訳生三人、海関職員三人、水兵六人が行った。しばらくして、王府で一斉射撃の音がした。王府は戦略上のキイ・ポジションだ……日本兵が王府の守備にあたっていてくれることは、ぼくたちみなにとって非常にラッキーなことだ。もし、これがイタリア兵やオーストリア兵だったとしたら、王府はとっくの昔に敵の手に落ち、ぼくたちは全滅していただろう。なぜならば、王府が落ちれば、イギリス公使館は数時間以内にこなごなに吹き飛ばされてしまうからだ」（同七月八日。同前：一二三）。「戦略上の最重要地・王府では、日本兵が守備のバックボーンであり、頭脳であった。日本を補佐したのは頼りにならないイタリア兵で、日本を補強したのはイギリス義勇兵であった。日本軍を指揮した柴中佐は、籠城中のどの国の士官よりも有能で経験も豊かであったばかりか、誰からも好かれ、尊敬された。／当時、日本人と付き合う欧米人はほとんどいなかったが、この籠城を通じてそれが変わった。日本人の姿が模範生として、みなの目に映るようになったからだ。日本人の勇気、信頼性、そして明朗さは、籠城者一同の賞賛の的となった。籠城に関する数多い記録の中で、直接的にも間接的にも、一言も非難を浴びていないのは、日本人だけである」（ピーター・フレミング『北京籠城』。同前：一〇八）

そう、柴以外の日本人も勇敢だった。柴は自分の片腕と思っていた安藤大尉の戦死に涙する。「安藤大尉は、ついにこの日の晩なくなりました。実に哀惜のいたりに堪えませんでした。大尉は久しい以前より支那のことに志し、今回はいよいよその家宅までも売却して、自費留学を思い立ち、事の始まりますわずか五、六日前に北京に到着し、そのうえ北京、天津間の汽車不通となりしその日の朝、要事を帯びて天津に行かんとして停車場まで行き、汽車不通のため果たさず、もって籠城となり、こんどの最後を遂げたるは実に不運の人でありました。戦争中は実に立派な働きをなしました。沈着にして勇敢で、かつ人に向かってきわめて親切であるため、日本人一同敬服したるはもちろん、諸外国人もみな感心しておりました。英公使のごときは、大尉の死を聞きて、ことに悲痛の弔辞を寄こしました。大尉に死なれた時には、私は一手を失いたる心地して、今後はなんといたそうかと、実に当惑いたしました。平常は戦闘の忙わしさに、戦死者埋葬のことなどは本願寺の川上という和尚さまに任せて、私は葬式などに列する遑はありませんでしたが、大尉の時だけは、一方には銃声の盛んなるにもかかわらず、間を偸んで、戦闘線の人に隠れるようにして葬式に列し、一朶の草花を手向けたときは、感慨のきわみ少時は墓前を去るに忍びませんでした」（柴五郎『北京籠城』七月六日の項。大山：五三以下）。

「小さな人種の中でも、また特に小さい安藤大尉」（ウイール。ウッドハウス：一一八）の最期はこうだった。「ぼくは安藤大尉のもとに駆けつけた。こんな可哀想な光景を、ぼくは今まで目にしたことがない。地面に広げられたコートの上に寝かされた彼の脇腹、弾丸で引き裂かれ、口を開けていた。彼はひどい事故にあった子供のように見えた。身長は五フィート（約一・五二メートル）足らず。彼の剣は約三〇インチ（七六センチメートル）ほどの短いもので、それは紐で手首にしっかりとくくりつけており、彼はそれを解き外されるのを拒んだ。彼は両腕を空中に上げ下げして苦痛と戦っていたが、そのたびに手首の剣も跳ね上がったり下がったりした。しかし、この努力にも力尽きて彼は我にもあらず、うめき声をだしつづけた」（ウイール。同前：一一九）。

「とびきり勇敢な、眼鏡をかけた日本公使館二等書記官」（ウイール。同前：一一八）**楢原陳政**（一八六二—一九〇〇）も、七月二三日三八歳で戦死した。「この日、朝、楢原君不帰の客となれり。同君の学識と外交の手腕とは人の認めるところにして、いま喋々を要せず、その死はわが対清外交上、実に少なからざる損失といいつべし」（服部宇之吉『北京籠城日記』七月二三日。大山：一八三）。イギリス人の目にもそうであった。「優秀な学者かつ紳士である楢原氏が二十四日亡くなったのは、まことに残念であった」（イギリス公使館付牧師R・アラン『北京公使館籠城』。ウッドハウス：一四九）。重傷は負ったが、設備さえよければ死ぬことはなかった。死人の使った布団に寝かせられ、古着のきれや綿で手当てされて、破傷風を発したのだ。

彼は留学の経験者で、明治一五年（一八八二）渡清して同二〇年（一八八七）までの六年間を過ごし、杭州で兪曲園に従学したほか、清国内各地を巡歴した（その成果は『禹域通纂』としてまとめられた。中国に関する日本人の調査研究の最良のものとされている）。また明治二三年（一八九〇）公使館書記生としてイギリスへ行き、エジンバラ大学にも学んだ。日清戦争の講和会議で通訳を務め、日本に来た清国留学生の世話もした。ロンドン・タイムズの記者ジョージ・アーネスト・モリソンは、楢原の友人だった。「楢原は、いつ会っても感じがいい」（同前：一五〇）と言っており、彼の死について、「ああ、楢原！　可哀想な私の親友。彼は重体だ。もう、今夜はもたないだろう」（同前：一四九）と嘆いていた。

服部宇之吉（一八六七—一九三九）もあわや戦死者の列に加えられたかもしれぬところであった。「柴中佐より、粛親王府の一角を守りし伊国指揮官にあてたる手紙を携え行き、その返簡を待つ間、独立の煉瓦壁によりて立ちおりしに、たちまち正面より一丸飛びきたりて壁にあたり、土はサッと予の頭に降りかかれり。驚きて壁を見れば、予の頭より五分ばかり上のところに銃丸入りおれり。予にしてもし身長一寸も高かりしならんには、ま額をうち貫かれて即死すべかりしなり。その他にも二、三回銃丸を免れたることあれども、この時もっとも強く運命ということを感じたり」

（大山：二二二）。

服部宇之吉は明治三二年（一八九九）九月に北京に来た。文部省からドイツを含む四年間の留学を命ぜられたのである。すでに文科大学助教授であった彼が中国に留学に来たのは、清国留学生がそのころから増え始めた事情を背景に、中国教育界を指導し教員養成機関を設置するための準備の視察という目的があったらしい（丹羽：一三四）。そのときの日本公使は政治小説『経国美談』を書いたことで知られる矢野竜渓で、「着京の翌日公使矢野文雄を訪ふと、矢野は君（服部）に『君は誠に悪いときに来た。目下支那人の地位名望ある者は外国人との交際を避けてゐる。紹介はして上げるし、先方も会ふには会ふだらうが、恐らく迷惑がつて到底親密なる交際は出来ないだらう。洵に悪い時勢である』」（同前：一三四）と言ったという。義和団事件の前年、すでに排外の気運が高まっていたのである。同年一一月に公使は『中亜細亜紀事』を書いた元ロシア公使の西徳二郎に替わる。

そのころの出来事に、「初夏某日、予、狩野、古城両君と馬車を駆りて瑠璃廠にいたり、書肆を訪い、帰途前門外某飯荘に過ぎりて食事をなせるに、故意かはた偶然か二人の偉丈夫入りきたりてまた食を命ぜり。時に他客なし、彼の二人予らの方を見つつ食をとりいたるが、しばらくして予らの卓に進みきたりて話しかけ、一、二言の後、体格もっとも勝れたる一人、左手をもって右袖を捲きあげ、太くたくましき右腕をあらわし、拳を握りかためて予らの面前にこれを揮いて曰く、この拳よく堅を破り強きをくじく、天下何物も怖るべきなし、この卓この碗のごときはこれを破ること易々たるのみと、数回拳をふるい勢を示してすなわち去れり」（大山：二〇一）。義和団員との接近遭遇の例だが、この事変は中国民衆側からも見てみなければならない。たとえば『義和団民話集』（平凡社、一九七三）のような民衆の語りから。

服部は東四牌楼北六条胡同の旧日本公使館に住んでいたが、その外を「洋人討つべし、何を用いてこれを討つべきか、義和拳法の神に通ずるあり」などと歌って過ぎる声を聞くほど危険が身に迫るのを感じて、六月一〇日台基廠の森中佐の留守宅に移った。乱の平定後、一旦帰国し、ドイツ留学に向かったが、留学期間途中に呼び戻され、明治三五年（一九〇二）八月、京師大学堂師範館の正教習として再度北京に赴き、明治四二年（一九〇九）まで勤めて、機関整備と教育に尽力した。帰国時には清朝から進士を授与された。彼も戊辰戦争をくぐり抜けた一人で、二本松藩士の子として生まれ、実母は生後すぐに死亡、叔父に養われたが、官軍との戦いで実父は戦死、養父は藩主に従って逃れ、養母とともに農家に潜んで官軍の捜索をあやうく逃れたという。幼児のこととて記憶になく、後年養母に聞いて知るのみとはいえ、人格形成に大きな影響があっただろうことは容易に想像できる。

その服部との初対面の様子を、モリソンはこう記している。「スクワイアーズと一緒に日本陣営を視察して回った。柴と一緒にもう一人日本人が来たが、そのつつましい様子の男はときどき知的なことを口にした。服装その他から察して、この男は理髪店の助手かなと思った。名前を尋ねてみたら服部だといい、「私は帝国大学の中国哲学教授です」とつけ加えた」（モリソン日記七月七日。ウッドハウス：一四四）。

これに限らず、モリソンの日記はかなり直截辛辣で、当時の欧米人が日本人をどう見ていたかがよくわかるだけでなく（たとえば「まったく不思議なくらいよく類人猿に似ている日本公使・西男爵は、外国語はロシア語しかできない」。モリソン日記七月四日、同前：一七八）、のちに前述のように賛辞を受ける柴五郎も、初めは「あのバカは、自分が何をなすべきか、分かっていないのだ」（モリソン日記六月二六日、同前：一四二）などと侮蔑的に言われていて、逆に、その後の称賛が真実のもの心からのものであることを示すわけである。

柴五郎（一八五九―一九四五）は会津藩士の息子で、戊辰戦争では祖母・母・姉妹みな自害、敗北後移封された下北半島では寒さと飢えに苦しみ、青森や東京では下僕の生活を送った。その後陸軍幼年学校に入ることを得、軍人として精励して大将まで進んだ。『ある明治人の記録』は彼が苦闘の半生を語った自伝で、人間はこう鍛えられるのだと知る。「混乱の日本」に育った者は、「混乱の中国」にも動じることはない。軍人としての有能さはイギリス人の証言に見られるとおりだが、こういう苦労を重ねた人だから、無辜の人々に対してやさしかった。籠城時には義和団の暴行の標的になっていた中国人キリスト教徒をよく保護し、援軍到来で公使館地域が包囲から解放されるや、ただちにもうひとつの籠城箇所（北堂と呼ばれる天主教堂）に部隊を差し向け、結果非キリスト教徒の日本軍がそこを解放することとなった。連合軍の首都進撃を前に光緒帝と西太后が西安に蒙塵し、主のいない北京を欧米日の軍隊が占領したときは、他国の管轄区域で略奪が横行している一方、柴が担当した日本軍管轄区域は軍紀厳正で治安が保たれていたので、他区域から移ってくる者が多くいたという。日露戦争にも出征し、功があった。明治の大ベストセラー政治小説『佳人之奇遇』を書いた東海散士こと**柴四朗**（一八五三―一九二二）は実兄で、彼は白虎隊士であったが、熱病で病臥していたため生き残った。明治一二年（一八七九）アメリカに留学し、ペンシルヴァニア大学で学士号を取り、明治一八年（一八八五）帰国。のちに代議士になった。同じく隊士だった

山川健次郎（一八五四―一九三一）もアメリカのエール大学に留学（一八七一―七五）、東京帝国大学総長となる。わずかにいる白虎隊士の生き残りは、みなひとかどの人物になっている。

この事件での働きを機に、日本は列強クラブの仲間入りを果たしたと言っていい。その二年後に日英同盟が締結される。晴れて狼の仲間入りをしたわけである。略奪、暴行、強き者の自尊と弱き者への軽蔑。帝国主義列強の振舞い方のよいレッスンになったことだろう。柴五郎個人は薩長軍からすでにその振舞いを見せつけられていたので、美質を傷つけられることはなかったけれども。敗戦の年、八七歳の彼は自刃をはかる。それがもとで、その年の暮れに病没した。最後のサムライの死と言っていいかもしれない。

内藤湖南とともに京都帝国大学文科大学教授を勤め、京大支那学の基礎を築いた君山狩野直喜（一八六八―一九四七）は、文部省留学生として明治三三年（一九〇〇）四月に北京に渡った。服部宇之吉と同じところに住んだが、すぐに義和団事変が勃発する。乱後帰国、改めて明治三四年（一九〇一）八月に今度は上海に留学に来て、明治三六年（一九〇三）四月まで滞在した。上海には王立アジア協会北中国支部（亜州文会）があり、その図書館は充実していた。上海への留学は欧米人のシノロジー研究に親しむ機会を得ることでもあった。あのモリソンの東洋学文献の一大収集が東京にもたらされ東洋文庫の基礎となったのにも、北清事変での日本人とモリソンの交情がひとつの機縁になったであろうことを考えると、中国と欧米の研究を踏まえた日本の東洋学の起こりは義和団にあった、ということも言えるかもしれない。敦煌文書の発見で有名なフランス人東洋学者ポール・ペリオ（一八七八―一九四五）も、そのころハノイの極東フランス学院の研究員であり、そのときは北京に派遣されていて、籠城組だった。

イギリス人看護婦ジェシー・ランサムの『北京籠城病院物語』に、「日本兵はみな一つの病棟に入り、お互いにいたわり合っていましたし、同胞人が看護にあたりよく面倒をみていました。柴中佐や日本婦人がときどき見舞いに来ましたが、なかでも毎日来て常に負傷兵のもとにいたのは若い僧侶でした。彼は非常にインテリで英語もよく解し、通訳としても役立ってくれました。彼はお葬式の時以外は、仏僧としての仕事はしていないようでしたが、負傷兵の実際的な世話は、実によくしていました」（ウッドハウス：一二五）と書かれている西本願寺留学生川上貞信（一八六四―一九二二）は、その後日露戦争にも従軍僧として参加し、乃木希典を総司令官とする陸軍第三軍に従った。

そのころ黒竜江の清国対岸に位置するロシアの町ブラゴヴェシチェンスクには、陸軍を休職して「留学」中の大尉**石光真清**（一八六七―一九四二）がいた。熊本の出身で、柴五郎を見出し家に置いてやった野田豁道は叔父、柴の手記を編集した石光真人は息子である。日清戦争後、次の敵ロシアを知るためにロシア語の必要を感じてやってきたもので、軍も支援していた。明治三二年（一八九九）一〇月に仮名を使ってやってきて、小学校教師の家に寄寓し、「昼はア［レキセーフ］氏の勧める小学校へ通学して坊主頭の子供たちとともに読み書きを学び、夜はア氏夫人から作文の手ほどきをしてもらった」（石光ａ：一九）。在留邦人に怪しまれるので、そのあと「カザック連隊付騎兵大尉ポポーフ方へ寄食することにした」（同前：二一）。夕食後夫人にロシア語作文を見てもらうのを日課にしていたという。ロシア語を学ぶだけならウラジオストクでもハバロフスクでも用は足りるのに、わざわざブラゴヴェシチェンスクへ三十を過ぎた壮漢が来るというのが怪しさいっぱいなのは道理だ。彼の手記はまるで小説のようにおもしろくて、だいぶ脚色されているだろうと思われるが、これしかよるものがないので、これに従う（たとえば日露戦争前軍を離れて情報収集のためハルビンでやっていた写真館に二葉亭四迷が来ていたとき、たまたま手に入ったロシア軍の異動命令書の翻訳を頼んだが、こんなつまらぬものは嫌だと断られ、「今後は何があっても君には頼まん」と言ったというのだけれども、その後ロシア革命時にブラゴヴェシチェンスクに差し向けられたときは、アムール州の革命派・反革命派の歴々と単身丁々発止のやりとりをしていることになっている。それほどよくできるなら、ロシア語文書の読解など自分でやればよさそうなものである。必ずや叙述に誇張があるはずだ）。彼はここで「アムール川の流血」を目撃することになる。北清事変で満洲在留のロシア人が多数殺された報復に、七月一六日三千人の中国人が虐殺され河に投げ込まれた事件である。翌月そこを脱出し、ウラジオに向かった。

偽名を使った留学というのも妙なもので、語学の勉強はするものの、留学（とか探検とか）に名を借りた情報収集活動というのが実態だが、スパイ成田安輝（陸軍士官学校中退者）の秘境チベット行きが「探検」なら、これも確かに「留学」である。本人が留学だと言っていることだし。

《私的に学ぶ》

さて、**西周**らに戻ると、オランダに到着した幕府留学生一行は、ハーグとライデンの二手に分かれた。「ハーグに居つた人々では内田・榎本・沢・田口は和蘭の海軍大尉ヂノウ（Dinoux）に就いて船具・砲術・運用の諸科を学び、榎本は傍ら海軍機関大監ホイゲンスに就き蒸気学、沢は海軍局軍務局長海軍大佐フレメリーに頼んで其局員に就いて大砲・小銃の事、火薬製造法を質し、伊東・

林の両人は先づポンペに就いて理学、化学、人身窮理学の伝習を受け、理・化学の講義には榎本も私も出席して聴講した。伊東・林は幾干もなくハーグの近郊ニュウウェジップの海軍鎮守府病院に入つて一般の医学修行を始めた。

津田・西の両人は其後も永く和蘭学問の淵叢たるライデンに留つて、其地の大学教授フィッセリング（Prof. Vissering）に従ひ法政・経済の学を学んだ。フィッセリングの教授は頗る懇切で要を得、両人は毎週二度案下に侍して口授を筆記すること二年、慶応元乙丑年（一八六五年）十月を以て其業を終へて私たちに先立ち其月十四日（一八六五年十二月一日）ライデンを発し、巴里を経、マルセイユから仏国郵船に乗つてスエズを過ぎ帰朝の途に就いた。横浜に帰着したのは歳も正に暮れんとする十二月二十八日（陽暦二月十三日）であつたといふ。後年私の聞く所によれば西・津田が伝へたフィッセリングの法律・経済の学は、実に我日本に於ける其学問の出発点であつて今日の斐然たる我国の斯学に就いては忘る可らざるものであるとのことである」（赤松：一六八以下）。

西周・**津田真道**がフィッセリングについて学んだのは性法学（Naturregt）・万国公法学（Volkenregt）・国法学（Staatsregt）・経済学（Staatshuishoudkunde）・政表学（Statistiek）で、まず三ヶ月オランダ語を学んだあと、彼の家に通って講義を受けたのである。

なお、最初の留学でもあるし、チョンマゲ刀の旧幕時代であるから、明治以後には絶えてない苦労もあった。「ハーグに移った内田始め一同は語学の教師を迎へて和蘭語を始めとして普通学の教授を受けたが、和蘭語に就いては私は専ら発音の匡正に実地の練習を積むことが緊要で、それには上流階級の紳士の家族と交際するに不如といふので、ホフマンやポンペが紹介して呉れて国会議員・市会議員・大学教授などといふ知識階級の人の所へ午餐とか茶とかに招かれて屡々行つた。主人の側では日本の服装で来て呉れとの望みが多いので、何時も例の紋付・打裂羽織・裁付袴に大小を佩し紺足袋に草履穿きで出掛けた。刀身は常に手入れを怠らないで所望に応じては鞘を払ふて示すだけの用意はして居つた。到る所皆親切に歓待して呉れて異境に在る心淋しさを忘るゝ愉快を味つた。招く方では相客に親類・縁者を招待する者が多かつたが、半分は珍しい東洋人見物といふ心持で同席したのであつた。

私たちは江戸を出発する時に幕府に誓詞を差出した其中に、御国風を守ることゝいふ一項があつたから、扮装は全然純日本式で押通して来たが、到着した当時は上陸地から至る所見物の群衆に囲繞され、旅館に居を定めた後も市街へ出れば必ず見物人に難まされ、常に警官の保護を受けなければ買物も容易でなく、当分は市民の目標となつてゐた為めに流行唄まで出来て無邪気な子供に唄はれる始末で、之には殆ど当惑したが、和蘭の海軍卿カッテンデーキからの忠告もあつて遂に一同兜を脱いで洋服に更へることにした。併し頭髪だけは何時日本へ呼戻されるか判らないので刈る訳にも行かず、私は月代を生して前の方から見ると西洋風の斬髪で後ろの方には髷を付けて帽子で之を隠してゐた。此点では坊主頭であつた医師の伊東・林の両人は忽ち頭から爪先まで欧羅巴風に改まつたので皆から羨ましがられた」（赤松：一六三以下）。

旅行なら丁髷に羽織袴で押し通すこともできようが、留学は長期の滞在であるから、そういうわけにはいかない。彼らのオランダ到着が一八六三年、御一新が一八六八年、またたく間に文明開化の散切り頭になったのでこんな苦労は意識にのぼることもないが、それは日本に来た清国留学生が弁髪のためした苦労と同じだということは知っておいたほうがいい。日本の悪童どもが弁髪の清国人をチャンチャン坊主と囃すのを見たら、ヨーロッパの悪童に囃される風采正しい旗本御家人を思わなければならないということだ。こちらのほうは帯刀だから、丸腰の弁髪頭にはなお味方せねばならぬ。

留学というと学校に入ることをすぐ考えるが、学校は留学に特に関係ない。学位その他の証書が必要ならば学校によらなければならないが、それが条件でなければ、学校に拘泥することはない。学ぶには師がいれば足りる。独学だってできる。

夏目漱石（一八六七―一九一六）が文部省から英国留学の命を受けたのは明治三三年（一九〇〇）である。このころにはもう留学制度は自動装置のようになっていて、本人が望む望まぬにかかわらず行かされる。英文学専攻なら行くのは当然とも言えるが、漱石自身はこう述懐する。「ロンドンに住み暮らしたる二年はもっとも不愉快の二年なり。余は英国紳士の間にあって狼群に伍する一匹のむく犬のごとく、あわれなる生活を営みたり」（『文学論』序。夏目：一六）。「自己の意思をもってすれば、余は生涯英国の地に一歩もわが足を踏み入るることなかるべし」（同前：一七）。

留学の成果の集大成であり、心血はそそがれているが誰も読まぬあの『文学論』の序文に、自分自身で留学の様子をまとめている。最初はオックスフォードかケンブリッジに学ぼうかと思って、ケンブリッジの知人を訪ねてその大学を下見してみると、そこには数名日本人留学生がいたが、「彼等は皆紳商の子弟にしていわゆるゼントルマンたるの資格を作るため、年々数千金を費やすことを確め得たり。余が政府より受る学費は年に千八百円にすぎざれば、この金額にては、すべてが金力に支配せらるる地にあって、彼等と同等に振舞わんことは思いも寄らず。振舞わねばかの土の青年に接触して、いわゆる紳士の気風を窺うことさえ叶わず、たとい交際を謝して、ただ適宜の講義を聞くだけにても給与の金額にては支えがたきを知る。（…）これを聞く、彼等は午前に一二時間の講義に出席し、昼食後は戸外の運動に二三時を消し、茶の刻限には相互を訪問し、夕食にはコレジに行きて大衆と会食すと。余は費用の点においても、時間の点においても、時間の点において、また性格の点において、とうていこれ等紳士の挙動を学ぶあたわざるを知って、かの地に留まるの念を永久に断てり」（同前：七以下）。いわゆるオックスブリッジが英国紳士（大英帝国エリート）の養成所であることを知ったわけで、そういうエスタブリッシュメントたらんとする希望も、また性格的適合性もない夏目金之助には無用のところだった。敵さんのほうからもそんな者は無用で、白洲次郎のような人が求め求められる場所である。

それでロンドンに住むこととし、まず「大学に赴き、現代文学史の講義を聞きたり。また個人として、私に教師を探り得て随意に不審を質すの便を開けり。／大学の講義は三四カ月にして已めたり。予期の興味も知識をも得るあたわざりしがためなり。私宅教師のほうへは約一年ほど通いたりと記憶す」（同前：九）。そして、「余は下宿に立て籠りたり。いっさいの文学書を行李の底に収めたり。文学書を読んで文学のいかなるものかを知らんとするは血をもって血を洗うがごとき手段たるを信じたればなり」（同前：一二）。つまり学校へ通わず、本を買いこんでそれを読破しノートを取る自学勉強法を選んだわけだ。

一方で、定期的にクレイグというシェイクスピア学者を訪ねて、文学について質問をした。「もっとも何を教えてくれるのか分らない。聞いていると、先生の好きな所へ連れて行って、決して帰してくれない。そうしてその好きな所が、時候の変わり目や、天気都合でいろいろに変化する。時によると昨日と今日で両極へ引っ越しをすることさえある。わるく言えば、また出鱈目で、よく評すると文学上の座談をしてくれるのだが、今になって考えてみると、一回七志［シリング］ぐらいで纏った規則正しい講義などのできるわけのものではないのだから、これは先生のほうがもっともなので、それを不平に考えた自分は馬鹿なのである。もっとも先生の頭も、その髯の代表するごとく、少しは乱雑に傾いていたようでもあったから、むしろ報酬の値上げをして、えらい講義をしてもらわないほうが可かったかもしれない」（『クレイグ先生』）。

漱石一流のユーモアある才筆で描かれるこの人のさまをもっと見てみよう。

「先生はアイルランドの人で言葉がすこぶる分らない。少し焦き込んでくると、東京者が薩摩人と喧嘩をした時くらいにむずかしくなる。それでたいへん疎忽しい非常な焦き込み屋なんだから、自分は事が面倒になると、運を天に任せて先生の顔だけ見ていた」（同）。

「先生の得意なのは詩であった。詩を読むときには顔から肩の辺が陽炎のように振動する。——嘘じゃない。まったく振動した。その代わり自分に読んでくれるのではなくって、自分が一人で読んで楽しむことに帰着してしまうからつまりはこっちの損になる」（同）。

「先生は自分を小供のように考えていた。君こういうことを知ってるか、ああいうことが分ってるかなどと愚にも付かない事をたびたび質問された。かと思うと、突然えらい問題を提出して急に同輩扱いに飛び移ることがある。いつか自分の前でワトソンの詩を読んで、これはシェレーに似たところがあると言う人と、まったく違っていると言う人とあるが、君はどう思うと聞かれた。どう思うたって、自分には西洋の詩が、まず目に訴えて、しかるのち耳を通過しなければまるで分らないのである。そこで好い加減な挨拶をした。シェレーに似ているほうだったか、似ていないほうだったか、今では忘れてしまった。が可笑しいことに、先生はその時例の膝を叩いて僕もそう思うと言われたので、大いに恐縮した」（同）。

　クレイグ先生は独身で（当然）、身の回りの世話は家政婦がしていたのだろう。「先生は疎忽しいから、自分の本などをよく置き違える。そうしてそれが見当たらないと、大いに焦き込んで、台所にいる婆さんを、ぼやでも起こったように、仰山な声をして呼びたてる。すると例の婆さんが、これも仰山な顔をして客間にあらわれて来る。

「お、おれの『ウォーズウォース』はどこへ遣った」

婆さんは依然として驚いた目を皿のようにして一応書棚を見回しているが、いくら驚いてもはなはだたしかなもので、すぐに、「ウォーズウォース」を見付け出す。そうして、「ヒヤ・サー」と言って、いささかたしなめるように先生の前に突き付ける。先生はそれを引ったくるように受取って、二本の指で汚い表紙をぴしゃぴしゃ敲きながら、君、ウォーズウォースが…と遣りだす。婆さんはますます驚いた目をして台所へ退って行く。先生は二分も三分も「ウォーズウォース」を敲いている。そうしてせっかく捜してもらって「ウォーズウォース」をついに開けずにしまう（同）。これはまったく小説や舞台劇の一情景だ。

この人は沙翁字典の編纂を期しており、そのためウェールズの大学の招きを蹴り、大英博物館に通って考究を続けるためロンドンで暮らしていたのである。だが、「日本へ帰って二年ほどしたら、新着の文芸雑誌にクレイグ氏が死んだという記事が出た。沙翁の専門学者であるということが二、三行書き加えてあっただけである。自分はその時雑誌を下へ置いて、あの字引はついに完成されずに、反故になってしまったのかと考えた」（同）。

これは帰国後、文名上がり小説家として立ったあとに書いたものだから、自虐を交えつつも暗くはない。ロンドン滞在中の手紙にある自画像は、ユーモアがありながら苦い。「それからステッキでも振り回してその辺を散歩するのである。向こうへ出てみると逢う奴も逢う奴も皆厭に背が高い。おまけに愛嬌のない顔ばかりだ。こんな国ではちっと人間の背に税をかけたら少しは倹約した小さな動物ができるだろうと考えるが、それはいわゆる負け惜しみの減らず口という奴で、公平なところが向こうのほうがどうしても立派だ。なんとなく自分が肩身の狭い心持ちがする。向こうから人間並み外れた低い奴が来た。占めたと思ってすれ違ってみると自分より二寸ばかり高い。こんどは向こうから妙な顔色をした一寸法師が来たなと思うと、これすなわち乃公自身の影が姿見に写ったのである。不得已苦笑いをすると向こうでも苦笑いをする。これは理の当然だ」（『倫敦日記』）。

どう見ても健康的でない。事実「英国人は余を目して神経衰弱といえり。ある日本人は書を本国に致して余を狂気なりといえるよし」（夏目：一八）。そんな噂が立つほどになったころ、明治三五年（一九〇二）に帰朝した。こういう留学も「三等国」から「一等国」への留学の一面である。

留学は孤独なものである。同胞とももちろん交際するけれども（自国にいるより親密な交際ができるので、結果友人も多くなったりする）、周囲を囲むのは異邦人だ。大なり小なり留学生が感じる孤独の毒を、漱石は飲みすぎたかもしれない。

独学者の代表例は、何といっても**南方熊楠**である。大学予備門で同期だったほか、「方丈記」の英訳をしたという点でも漱石と共通する。彼の留学はまさに漱石と行き違いで、一九〇〇年、熊楠の乗った帰国の船は漱石の渡欧の船とインド洋ですれ違っている。

足芸人を通じて骨董商を知り、そこから大英博物館のフランクスに紹介されたのは前述の通りで、「その時ちょうど、『ネーチュール』（御承知通り英国で第一の週間科学雑誌）に、天文学上の問題を出せし者ありしが、誰も答うるものなかりしを小生一見して、下宿の老婆に字書一冊を借る。きわめて損じた本でAからQまであって、RよりZまで全く欠けたり。小生その字書を手にして答文を草し、編輯人に送りしに、たちまち『ネーチュール』に掲載されて、『タイムス』以下諸新紙に批評出で大いに名を挙げ、川瀬真孝子（当時の在英公使）より招待されたることあるもことわりし。これは小生見るかげもなき風してさまよいおるうちは日本人一人として相手にするものなかりしに、右の答文で名が多少出ると招待などはまことに眼の明らかならぬ者かなと憤りしゆえなり（小生はこの文出でし翌週に当時開き立てのインペリヤル・インスチチュートより夜宴に招かれたるなり）」（『履歴書』。南方b：一三）。そして、「その答文の校正ずりを手にして、乞食もあきるるような垢じみたるフロックコートでフランクスを訪ねしに（この人は『大英百科全書』一一板にその伝ありて、英国にかかる豪富にして好学の人ありしは幸いなり、と記しあり）、少しも小生の服装などを気にかける体なく、件の印刷文を校正しくれたる上、（…）大いなる銀器に鵝を丸煮にしたるを出して前に据え、みずから庖丁してその肝をとり出し、小生を饗せられし。英国学士会員の耆宿にして諸大学の大博士号をいやが上にも持ちたるこの七十近き老人が、生処も知れず、たとい知れたところが、和歌山の小さき鍋屋の悴と生まれたものが、何たる資金も学校席位も持たぬ、まるで孤児院出の小僧ごとき当時二十六歳の小生を、かくまで好遇されたるは全く異数のことで、今日始めて学問の尊きを知ると小生思い申し候。それより、この人の手引きで（他の日本人とかわり、日本公使館などの世話を経ずに）ただちに大英博物館に入り、思うままに学問上の便宜を得たることは、今日といえどもその例なきことと存じ候」（同前：一三以下）。

熊楠は学校を拒否した人で、さらにはついに師をもたなかった人であるが、図書館・博物館・学界・学術雑誌などの「学問するための装置」に囲まれて、それを存分に活用した人であった。学ぶのはこのようにもできる。

《客　死》

西周らのオランダ留学に同行した職人の大川喜太郎は、留学中に病死した。江戸小石川の名高い宮大工久保田伊三郎もこの留学に選ばれていたが、船中で病気になり、長崎で下船、江戸に帰って間もなく死んだという。士分の留学生は無事帰国したが、それでなくても医学のまだ十分に発達しない時代、病に倒れることはよくあるし、まして気候環境が激変すれば心身の負担が大きいのは道理で、異邦での孤独な死は留学につきものであった。

留学は帰国が前提だ。南方熊楠がアメリカ留学に発つとき友人に与えた無邪気な詩に見るように。

「僕もこれから勉強をつんで、
　洋行すました其の後は、
　ふるあめりかを跡に見て、

晴る丶日本へ立帰り、
一大事業をなした後、
天下の男といはれたい。」

けれども、みんなが帰ってくるわけではない。仏学の先駆者の一人である松江藩士**入江文郎**（一八三四―七八）は、蕃書調所・開成所教授を勤め、明治四年（一八七一）フランスに留学し、学制調査などをした。フランス語の著作もあったそうだが、結核のためパリに死した。そんな人のことなど知らない？　当然である。事をなす前に死んでしまったのだから。事をなさなかった人は忘れられていい。歴史にそんな余裕はない。知る人にのみ知られ、瞑すべし、ということだ。

三笠の山の月を思った阿倍仲麻呂、入竺の志を抱き、その途上マレー半島で虎に食われた高岳親王。異国の土となった人は数多い。「日本未帰還者の歴史」というのも書かれてよい。勝者成功者の歴史を書くのは簡単だ。というより、歴史は勝者成功者が書く。だが、それだけでいいはずがない。

南条文雄とともに渡英し、マックス・ミュラーに師事した**笠原研寿**は、結核を病んで明治一五年

（一八八二）九月に帰国し、養生もかいなく翌明治一六年（一八八八）七月一六日に世を去った。帰国こそしたものの、帰ってもただ病に伏していたばかり。ほぼ客死だ。彼の死を聞くと、ミュラーは即日筆をとって心のこもった追悼文を書き、「ロンドン・タイムズ」に寄せた。

「日本よりの最近の郵信は、わが若き友にしてかつ門人なるケンジュ・カサワラの死を報じ来った。彼の名は英国においてはよく知られていないが、彼の死は知られざるままに過すべからざるものである。われらが自分らのために記録しおかねばならぬ人々の伝記とは、世間がこれに意をそそがず、ほとんど聞き及ばざるところの人々にして、しかもその事業に全力を献げ、そがいかにして最善の途においてなされたかをわれらに教えてくれるもの、かかる人々の伝記であるとラスキン氏の言ったのは真に至言ではなかろうか。

わがこの仏弟子なる友の生涯はその道に身をささげ、しかも成果を得なかった多くのものの一であって、われのこれを讃歎し痛惜するは、あたかも己れが庭園のよき果物の若木が爛漫たる花に匂いながら、そのあらゆる美しさと将来の待望とを、一朝の厳霜にて凋落せしめられたるのを見るにも似ている。……彼は日本に帰って後はもっとも有為な人となったであろう。なぜならば彼はただに欧州文明の長所をあまりなく評価しえたばかりでなく、己れが民族的の誇負をもうしなわず、けっして単純な西洋文明の模倣者とはならなかったと思われるからである。

彼の行状は完璧であり、我執なき人の自然のままの挙措であった。その品性については、わが言いうることは次の言に尽く。すなわち長年月われわれは彼を観察したが、一つの欺瞞をもそこに見出すことはできなかったと。最近四ヶ年間においてオックスフォードは、その学生中にこの可憐なる仏弟子よりも清浄にして高潔な魂をもった者を、ただ一人でも有したかを私は疑わしく思っている。

……彼はいくつかの草稿をあとにのこして去り、われはその公刊の準備にあたり得んことを望んでいるが、とりわけてナーガールジュナ（竜樹）の著とされた仏教述語集『ダルマサングラハ』を挙げる。多年蛍雪の労も、ついにその果を結ばぬと考えることは痛ましい。しかし、三千二百万の日本仏教徒の中にあって、かの一顆のすぐれて覚りを開きえた仏弟子が、いかにあまたの善事をもなすべかりしものをと考えるのは、さらにいたましいことである。（Have, pia anima!）（なおきみたまよ、いざさらば）……」（前嶋信次『美しい師弟』。前嶋：七二以下）。

死なせたくない人が死ぬ。それにわれわれは抗えない。できるのはただ、しかるべく弔うことだけだ。日本ですらまだ無名だった学徒を、マックス・ミュラーはよく弔ってくれた。われわれはミュラーを弔わねばならない。そのことは、南条とも併せ、前嶋氏がこの上なく美しくしてくれた。

《入蔵志願者》

明治時代、当時鎖国だったチベット入りを目指し、その途上に死んだ**能海寛**（一八六八―一九〇一？）も留学生（東本願寺派遣）だったが、その目的は普通の留学とは違っていた。能海は明治元年（一八六八）安芸との国境に近い石見の山村の真宗大谷派の寺に生まれ、東京で南条文雄の弟子になり、大蔵経の経典を求め入蔵を志した。ダライ・ラマ宛の法主の親書を携えて、明治三一年（一八九八）一一月に渡清して以来、明治三四年（一九〇一）四月の最後の通信まで、入蔵を遂げんと清国内を西に東に旅していた彼は、求法取経僧というべきで、あまり近代留学生らしくはないが、しかし同じく入蔵を目指していた河口慧海・寺本婉雅がチベット仏教の寺院で修学していることから考えて、彼もチベット入りすれば寺院で学んだだろうと思われる。

能海がチベットを目指していた頃は、「入蔵熱」の時代であった。世界に鎖された秘密国、ヒマラヤの奥地の古い仏教国に仏教再興の鍵があると新生明治仏教の若き僧侶たちは考えていた。前出法竜もそうだし（熊楠はまあ除くとして）、一番乗りを果たした河口慧海、チベット大蔵経請来に最初に成功（北京から！）した寺本婉雅のほか、明治二一年（一八八八）セイロン留学に出発した東温譲、明治二六年（一八九三）彼がボンベイで客死したときそれを看取った川上貞信も。彼は東の遺志を継ぎ、入蔵を目指してダージリンのチャンドラ・ダス（英国のスパイとしてチベットに潜入、のち蔵英辞典を著す）の別荘に住み、チベット語を勉強しつつ準備をしていたが、このルートは結局断念し明治三〇年（一八九七）帰国、別ルートの入蔵を目指して北京にまた留学したのだけれども、ここで北清事変に巻き込まれたことは前述した。

能海はまず重慶から打箭炉へ行き、そこで寺本婉雅と落ち合い、ネパールの使節団について行ったが、巴塘で進蔵をはばまれた。次に単独で青海へ向かったが、金や持ち物を盗まれ、やむなく重慶へ引き返す。三度目は雲南からのチベット入りを試みて、消息不明となった。この間打箭炉と重慶で二度の越冬をする以外は旅の空であるが、打箭炉でささやかなチベット経典収集と翻訳を行なっている。「金剛経、般若心経、外二部西蔵経文直訳」を本山へ送っているが、『般若心経西蔵文直訳』以外の稿本は紛失した（能海：一九五）。その訳経時の感慨を手紙に記す。「支那人は多く西蔵人を蛮家々々など称し候へども、今彼西蔵人の用ふる真行草隷の書、及干殊爾、丹殊爾の翻経を見れば、西蔵の文字は一千三百年前印度字より製作せられたるものにて、更に他国の文字を借ることなく自在に文章を書き顕したり、経典は一千乃至一千一百年前頃既に自国の語に翻訳せられて、少しも他国の言語文字を借りたることとなし、我日本の如きは人口は西蔵の十倍以上を有し、長き歴史を有するにも関らず、文字といへば片仮名平仮名のみ、これとても大半は漢字により、漢字にあらずんば完全に文章を形成し完全に意志を表出するを得ず、仏教盛なりと雖日本文の経典とては七千余巻の中、一部半部一巻半巻一品半品もあらざるなり、予は実に日本の学者日本の仏教徒に対して大々的不平を有せざるを得ず、美しくかゝれたる（元来美なる）西蔵文字の経典を見て、予は実に羨望に堪へず候」（同前：一一一以下）。後述の入蔵成功者慧海・婉雅がチベット人を見下す発言をしているのに対し、この人こそチベットに入って学ぶべき資格を第一に十全に有していたと思わせる。だが、「今や極めて僅少なる金力を以て深く内地に入らんとす、歩一歩艱難を加へ、前途気遣はしき次第なれど、千難万障は勿論、無二の生命をも既に仏陀に托し、此に雲南を西北に去る覚悟なり、重慶より連れて来りし雇人を当地より重慶に返すに当り内地への書状を托す、今後は多分通信六ケ敷かるべし、明日出発、麗江に向はんとす、時に明治三十四年四月十八日なり」（同前：二〇〇）と書いた通信を最後に、ふっつりと消息を絶つ。旅人を殺して金を奪うのはあのあたりの住民の「経済活動」の一部であるから、その犠牲になったのであろう。われわれはただ合掌するのみだ。

寺本婉雅（一八七二―一九四九）は能海と同じく真宗大谷派の僧で、明治三一年（一八九八）七月私費で渡航、北京雍和宮でチベット語やモンゴル語を習い、能海と同行した最初の試みに失敗したあと、一旦帰国、明治三三年（一九〇〇）の北清事変に際し陸軍通訳となり、八月再度北京へ行った。一二月、義和団と欧米兵に重ねて荒らされた黄寺および資福院でチベット大蔵経を発見し、日本へ送った。その後明治三六年（一九〇三）青海のタール寺に滞在、チベット語の学習や翻訳などを行なった。三八年（一九〇五）そこからラサへ行く。タール寺には明治三九年から四〇年（一九〇六―〇七）にかけても滞在している。だが、軍とも密接に連絡を取っていた彼は、研究のほうもやっていたとしても、仏教政治の工作者という面が強い。

「西蔵旅行記」で名高い黄檗宗の僧**河口慧海**（一八六六―一九四五）は、明治三〇年（一八九七）六月インドへ出発した。ダージリンのチャンドラ・ダスのもとに寄寓し、チベット語を習う。明治三二年（一八九九）一月ネパールに入り、さらに西行し、翌年七月ラサから一〇〇〇キロほども離れた間道からチベット潜入に成功した。カイラス山を巡礼したあと、ラサに到達したのは明治三四年（一九〇一）三月である。ラサではセラ寺に入門した。翌年五月に日本人であるとわかり、チベットを脱出しダージリンに戻った。日本への帰国は明治三六年（一九〇三）五月である。その後明治三七年（一九〇四）にまたインドに渡り、翌年からはベナレスの中央ヒンドゥー学院でサンスクリットを学んでいる。ベナレスには七年滞在した。大正三年（一九一四）ラサを再度訪問。前回できなかった大蔵経請来を果たす。

セラ寺での勉学について、慧海はこう紹介している。「そこには十四、五の子供から四、五十歳までの僧侶が居って、問答を稽古しますので、その問答は我が国の禅宗のような遣り方とは全く違って居るです。それは余程面白い。また非常に活発である。甚だしきは他から見ますとほとんど彼は喧嘩をして居るのではなかろうかと見らるる程一生懸命にやって居るです」（河口：四〇）。「今問者が言葉を発すると同時に左の足を高く揚げ、左右の手を上下向い合わせに拡げて、その手を拍つ拍子に足を厳しく地に打ちつける。その勢いは地獄の蓋も破れようかという勢いをもってやらなくてはならんというのであります。またその拍った手の響きは、三千大世界の悪魔の肝をこの文殊の智慧の一声で驚破する程の勢いを示さなければならんと、その問答の教師は常々弟子達に教えて居るです」（同前：四一以下）。「その問答は因明の論理学の遣り方であって因明論理の法則により、まず始めに仏というものは人なるべしと言うて問いかけると、答者はそうでないとか答える。もしそうだと言えば一歩を進めて「しからば仏は生死をまぬかれざるべし」となじる。そこで答えて「仏は生死をまぬかれたり」と答えると、問者は「仏は生死をまぬかれず。何となれば仏は人なるがゆえに、人は生死をまぬかれざるがゆえに、汝は爾く言いしがゆえに」と畳みかけて問い詰めるので、そこで答者が遣手でありますと「仏は人にして生死をまぬかれたり。仏の生死は仮りに生死を示現したり」などと言うて、仏に法身報身化身の三種のあることを解するようになるのです。またもしそうでないと答えると、いやインドの釈迦牟尼仏は確かに人であった、これはどうであるかというようにどこまでもなじって行く。どっちへ答えてもなじるようにしてだんだん問答を進めますので、その問い方と答え方の活発なる事は真にいわゆる懦夫をして起しむるの概があるです」(同前：四二)。チベットの習俗を概して軽蔑的に見ている彼が珍しくほめている部分だが、それでもやはり「確かにこの問答が怠惰なるチベット人、蒙昧なチベット人を鞭撻して幾分仏教の真理に進ませるので、半開人に似合わず案外論理的思想に富んで居るという事も、こういう事から起って来て居るのです」(同前：四五)などと言う。山口瑞鳳はしかし、「河口はセラに入っても、学僧としての論議を実はしなかったのではないかと思われる」と言っている。論議のはじめに言う「チー・チタワ・チョエ・チャン」を「文殊菩薩の心という真言」だと見当違いの解説をしているからだ（山口：六九）。しかし、チベット仏教の修行をすることは彼の目的でなかったから、見聞で十分に満足だっただろう。能海ならどうだったか？ 言って詮無い問いだが、つい問いたくなる。

インドやセイロン（スリランカ）への留学はやはりほぼ仏門の専管である。そして、環境のしからしむるところか、病没者を多く出している。前出東温譲、インド留学中に第一次大谷探検隊のインド調査に加わった島地黙雷の息子清水黙爾など。島崎藤村の「椰子の葉蔭」のモデルになった**藤井宣正**（一八五九―一九〇三）は、留学地はロンドンだったが、このインド調査に同行し、イギリスへ帰る途中マルセイユで病没した。もともと病身だったが、インドで死に至ったようなものだ。

なお、セイロンへの留学では、**釈興然**（一八四九―一九二四）の名を挙げなければならない。釈雲照（一八二七―一九〇九）の甥で、出雲神門郡塩冶村出身、もと真言宗の僧だが、明治一九年（一八八六）にセイロン留学、ゴールのランウェルレー寺、コロンボの仏教学院ウィドヨーダナ・ピリウェナに学び、明治二三年（一八九〇）具足戒を受け、上座部仏教（いわゆる小乗）の最初の日本人僧となり、グナラタナの名を得た。帰国後釈尊正風会を起こし、上座部仏教の広布をはかったが、それはなかなか進まなかった。セイロンに渡る前に南条文雄にサンスクリット語を学び、帰国後インドへ向かう河口慧海にパーリ語を教えた。慧海を上座部仏教に勧誘したが、断然大乗の慧海は峻拒し、放逐されたという。

留学といえば欧米のみを想起するのは正しくない。学ぶべきものがあると考えれば、赴いて学ぶのが当然だ。中国でもインドでも、その国が植民地化に悩む近代にあっても。仏教であれば、タイで学ぶこともあるのだし。首狩り族の住むボルネオでだって。そのころのボルネオの日本人は、男はゴム農園主かそこの雇、女はからゆきさん（『サンダカン八番娼館』の時代である）であったが、そんなところで**藤野可護**（一八八七—一九五九）という人が一九〇四年クチンのサラワク王国立マレー語学校に学び、『模範馬日辞典』（一九四一）を編んだ。その辞書は「収録語数は多くないが、動詞、形容詞等の見出し語については、その語意の解釈にしばしば有用なヒントを与えてくれる辞典」と『言語学大辞典』（三省堂）で評されている。南紀勝浦の生まれで、兄やいとこはアメリカへ、弟は蘭印へ働きに出ている。木曜島の真珠貝採りは熊野、「アメリカ村」は御坊。明治から戦前の南紀では海外出稼ぎは普通のことであったようだ。からゆきさんを多く出した島原・天草とともに、海外が身近な土地だった。

《幸福な留学》

土木工学の初代の日本人教授**古市公威**（一八五四―一九三四）は、明治八年（一八七五）から一三年（一八八〇）まで留学し、フランス中央工業学校、パリ大学理学部に学んだ。滞仏時、そのあまりの勉強ぶりを心配して、下宿の女主人が「公威、体をこわしますよ」と言うと、「私が一日休めば、日本は一日遅れるのです」と答えたという（司馬a：一四八）。抜群の成績だったようで、「仏朗西の生徒等は皆舌を巻いて驚嘆し…日本に斯る高等の生徒を教育する学校のありけるかと衆みな驚嘆したりとぞ」（「東京日日新聞」明治一一年一月一七日付。石附：二六一）。帰国後は内務省土木局に勤め、工科大学長にもなった。その功績から、のちに男爵となる。三島由紀夫の本名平岡公威は、内務官僚だった祖父が恩顧を受けた古市の名前を取ってつけたそうだ。

（1）送り出す人々からの期待を受け、（2）留学地での勉学も生活も充実し、（3）帰国ののち習得した知識技術を社会の役に立てる。この三つがそろっていれば、疑いもなく幸福な留学だ。日本の近代化に伴走した俊秀たちの間で、そのような留学は多かっただろう。

北尾次郎も充実した留学生活を送ったと思われる。嘉永七年（改元して安政元年、一八五四）に松江に生まれ、一〇歳のとき内村鱸香の漢学塾に入門した。のちに梅謙次郎や長谷川辰之助（二葉亭四迷）も通った有名な塾である。明治元年（一八六八）上京して開成所に入った。明治三年（一八七〇）一二月に一六歳でプロイセン留学の途につき、一六年（一八八三）一二月に帰国する。青春をドイツに送ったわけで、ドイツで人となったとも言える。

次郎の帰朝後明治一七年（一八八四）一月に書いた履歴書によると、

「一　洋暦千八百七十一年二月伯林府ニ於テ中学教員ワク子ル氏ニ従ヒ独逸ノ語学及ヒ論理学ヲ学ヒ傍ラ文学歴史美術音楽政治算術等ノ諸学ヲ修ム

一　明治六年五月三日伯林府大学校ニ入リ究理学及ヒ點竄学ヲ学ヒ而ツ明治九年ノ冬ヨリヘリモホリツ大博士ニ従ヒ大学校ノ実地試験所ニ於テ究理上ノ実験ヲナス

一　同千八百七拾八年ギヨッチンゲンノ大学ニ於試験ヲ受ケトクトルノ証書ヲ領シ而ツ再ヒ伯林大学ニ入リヘリモホリツ氏ニ就キ明治十五年三月マテ尚究理実験上ノ事ヲ研究ス」（平賀：六〇）

まず大学入学のための予備教育を受けたのだが、それが学校に入ってのものか、ギムナジウムの教師に個人教授を受けたものかはわからない。その後ベルリン大学に入って、ヘルムホルツやキルヒホフに師事した。ゲッチンゲン大学で博士号を受けたあと、またベルリン大学で研究を続けた。

学位論文は『色彩論』で、これをラーガーシュトレーム夫人に捧げている。この人の家に下宿していたのであろうか。そこには長井長義も下宿していた。彼の回想によると、「ホルツェンドルフ夫人の死後私はアルティレリー街一〇八番地のラーガーシュトレーム夫人（Marie von Lagerström）の家に移った。此の下宿には日本人が多く、独逸人、アメリカ人ヴィクトリア皇后御付のスイス人も居り、皆仲良しになった。日本人は大抵医者で、佐藤男や石黒子爵などが居た。此のラーガーシュトレーム老夫人は日本に特別の興味を抱いて、其の下宿に居るものに限らず、日本人でありさえすればよく世話してくれた。故に日本人仲間には日本おばあさんで通ってゐた。九十一まで生き長らえたが（…）桂公は首相になってから此のおばあさんを特に表彰して、嘗て下宿時代に受けた恩に酬ゆる処あったと聞く」（金尾：八三）。官費留学の打ち切られる前後には、のちに妻となったルイーゼ・トップの家にも下宿していた。次郎の寝室はルイーゼ姉妹の部屋の隣で、朝寝床から起き上がるときの彼の口癖「どっこいしょ」が彼女の初めて覚えた日本語だったそうだ。なお、ベルツ夫人ハナによれば、「日本おばあさん」はルイーゼの伯母だったかもしれない（「欧洲大戦当時之独逸」、一九二三、二九六頁）。

明治六年（一八七三）の官費留学打ち切りにあって、次郎は「或は少年に数学を教え、或は筆を新聞雑誌に執りて以て多少の学資を得（宛然太田豊太郎だ）、義父よりの送金に補ひつゝ大学に通学せられたりといふ。当時米国の領事 Fritzmeyer 氏其他先生の篤学に感じ学資の幇助をなしたるものあり、先生帰朝就職の後に漸時負債を弁償して全く償却し了られたりといふ」（稲垣乙丙。平賀：六二）。

留学中にロイコスコープ（検光器）というものを発明した。これは日本の新聞でも報じられた。「追々日本にも才学抜群の人物が出現する喜ぶ可きことなり即今日耳曼府別林に留学する四人の少年を以ても之を証するに足る其内一人なる北尾次郎（雲州松江）は此頃人眼にて光と色を受取る差異を測る器械即ち「リュコスコップ」と称するものを発明せり」（「朝野新聞」明治一一年六月一二日付。平賀：六四）。

真宗本願寺派の怪僧北畠道龍（一八二八―一九〇七）の洋行時（一八八二―八四）、通訳を務めたのも自活のためであろうか。彼はデンマーク、スウェーデン、ベルリン、サンクトペテルブルク、ポーランド、バイエルン、アルザスを巡ってウィーンへ。それからロンドン、リヴァプールを経てアメリカに渡り、イギリスに戻って、明治一六年（一八八三）七月末に再度ウィーンへ行き、郊外ヴァイトリンガウに政治学者ローレンツ・フォン・シュタイン（一八一五―九〇）を訪ねて講義を受けた。そのあとハンガリー、トルコ、ギリシャ、イタリアを経てインドへ行き、仏蹟を探訪して帰朝した。その旅を『天竺行路次所見』としてまとめている。次郎がこの行程のどこまで同行したかはわからないが、ロンドン、リヴァプールに行っていることは確かだ。イタリアにも旅した。インドにはもちろん行ってないし、アメリカにも随行しなかっただろう。シュタインは伊藤博文が憲法制定の助言を受けた人として名高く、帰国後まもなく次郎が『普国憲法起源史』を著したのも彼の「高論卓説ヲ聴クヲ得タ」ことによる。道龍はベルリンで「アルチレリーストラーセ」に宿をとったというから、おそらくラーガーシュトレーム夫人宅であろう。そこでいろいろな大家の講義を受けた。その中にはインド学者のオルデンブルクもいる。次郎はそんな通訳をして、科学にとどまらぬ幅広い教養を身につけることができたと思われる。

帰国直前の明治一六年（一八八三）一〇月にルイーゼ（一八六四―一九二九）と結婚した。日本名は留枝子または留英子である。息子に富烈（一八八四―一九五〇）がある。これはもちろんFritzに漢字をあてたもの。鴎外の夭逝した息子に不律がいたし、山崎橘馬の息子も不立だ。長井長義子息の名は亜歴山で、富烈の友人だった。鴎外の子供が漢字書き西洋名なのは、こういうコンテクストで見なければならない。彼の場合日本人の細君であるのにそうしているのは、あるいは結ばれなかった「エリス」を妻と観じていたのか？ 明治一九年（一八八六）に次男兵馬が生まれたが、生後すぐに死んだ。こちらは Hermann であろう。次郎は交友少ないが、中で親しかったとされる高橋順太郎はルイーゼ、長井長義はテレーゼ、松野礀はクララと、ドイツ人の夫人があった。山崎橘馬の夫人もドイツ人、次郎と同郷の飯塚納の夫人はドイツ系アメリカ人で、要するに夫人同士の交遊による友人ということであろう。青木周蔵もドイツ人の夫人がいたが、明治最初期留学生はよく現地の女性と結婚している。

次郎は帝国大学農科大学教授として終わった。「長岡半太郎以前でもっとも実力のある物理学者」でありながら、最も適任であると思われる理科大学にはなるほど帰国直後の明治一七年（一八八四）二月から勤務しているが、翌一八年からは友人松野礀が校長をしていた東京山林学校の教授となり、その後身の東京農林学校・農科大学教授をずっと勤めた。理科大学のほうでも兼任教授をしていたが、明治二六年（一八九三）それを解かれている。三宅雪嶺は「北尾氏は確かに天才の名を値ひす、明治年間に学者多きも天才を求むれば先づ氏を押さゞるを得ず、境遇にして善かりしならば、必ず世界の理学者として顕はれたるべし。不幸にして天才は往々不具者たり、氏は理学上の推理及び文学上の趣味に於て驚くべき頭脳を有せしも、俗事に於て殆ど児童と撰ぶ所なく、為めに最も適処たるべき理科大学より農科大学に貶せられぬ、而して猶ほ相当の働きありしより推せば如何に能力の秀でしかを察するに足る」（平賀：七四）と慨嘆しているが、要するに学制が整備される前に留学に出て、整備がほぼ終わったころ帰ってきたので、そのときにはもう理科大学のポストは埋まっていたわけだ。

次郎はその長い留学中にバイリンガルになったが、その様相はドイツ語主・日本語従だったようだ。息子にあてた手紙もドイツ語である。論文もほとんどがドイツ語で書かれている（没後刊行された論文集“Die wissenschaftlichen Abhandlungen von Dr. Diro Kitao”〔大日本図書、一九〇九〕は堂々たる独文である）のは、学界の言語が欧米語である点から理解することもできるが、彼は物理学者としての仕事のかたわら小説をいくつも書いており、それもドイツ語なのだ。とりわけ稿本のままで島根県立図書館に残る“Waldnymphe”（『森の女神』）は二二冊に製本された五〇〇〇ページを超す大作で、自筆の挿絵もふんだんに入っている。画才もあり、当時日本では珍しい（ドイツでは珍しくない）裸体画も好んで描いていた。文学のほうも巌谷小波にドイツ文学を講じていたほどだ。その縁でか、山田美妙の小説に裸体の挿絵がつけられたのを機に起こった裸体画論争で、明治二三年（一八九〇）の硯友社の雑誌「江戸むらさき」に『裸体像を論ず』（北尾次郎述・大江三郎記）を乞われた。

彼の日本語の著作は、これも、『普国憲法起源史』（北尾次郎編述・内村邦蔵校字、弘道書院、一八八四）も『物理学実験之手引』（稲垣乙丙筆記、海軍大学校、一八九三）も、彼の口述を筆記したものである。つまり、ドイツ語は母語同然に学術論文も小説も書けるほどである一方、日本語では著述できなかったのだ。一六歳でドイツへ行き、一三年もそこで暮らした次郎は、要するに、一三、四でアメリカに渡り着き、一〇年もそこで過ごした万次郎や彦蔵とその点で同じである。彼らは通訳はみごとにでき、英文なら読み書きともできたが、日本語を書くことは困難だった。彦蔵が新聞を発行しようと思ったときは、岸田吟香のような漢学を学んだ協力者が必要だった。自分で書けないからだ。ここでわかるのは、書く能力は学校で学ばなくてはつかないということがひとつ。アメリカの学校で学んだ万次郎や彦蔵は英文は書けた。だが日本文はだめだ。しかし、漁師のせがれらと違い、次郎は漢学塾の優等生である。なぜ書けないのか。長い留学中に忘れたのか。「独逸留学以来曽て日本文を書いたことがない。帰朝の当座などは、日本語は大半忘れて大学の講義に余程困つたさうである。然し漢学の素養があつたから、講義の際に屡々奇抜の漢語を使ふことがあつたさうだ」（鳥谷部春汀。平賀：八四以下）というから、それもたしかにある（南条文雄養母の杞憂は必ずしも杞憂ではない）。母語だとて、あまりに不使用期間が長いと能力が減退する。しかし、これには別の要素もある。たとえば、「前記書物（『普国憲法起源史』）の文の内に、是の詳細は附録に記述するといふやうなことがありし故に、附録は何時頃出来ますかと伺ひしに、先生は附録とはと反問せられしも、其本書には附録云々とありし故、小生は又附録と答ひしに、遂に通せず、此時傍に内村邦三氏が在りて、北尾先生に向ひ、附録とは……洋語にて陳べらる、アヽあれが日本にては附録といひますか、ソレなれば何とか御答がありしなり、同郷人の話しに通弁がいりしは又妙であつた」（米田稔。平賀：八〇）。彼の出発時には漢文くずしの文体しかなかった。戯作体はあっても、それは彼にはほとんど関わりなかったであろう。次郎が不在だった明治三年から一六年の間に近代日本語が形成されてきていたのである。その間それと絶縁状態だった彼は「近代化された日本語」に追いつくことができなかった、と考えられる。西周をはじめとする多くの人々の努力で西洋の事物概念を翻訳する新漢語が山のように造られている時代、彼と同門後輩の二葉亭四迷が言文一致の小説を書き出す（一八八七）前夜である。

留学中の彼の手紙がおもしろい。実家にあてた一三通が現存するうち、五通は一八七三から七四年のもので、ほとんど漢字を用いない（三通はまったく漢字なし）ペン字カタカナ書きであり、しかも、縦書きながら左から右へ書いている。洋紙にペンで書く場合そのほうが合理的ではあるのだが。一応候文ではある。最初の手紙（一八七一）と一八七八（明治一一）年以後のものは、鉛筆・ペンと用具はさまざまだが、当時普通の漢字カタカナ交じりの書簡体である。むろん右起縦書。一八七四年の手紙の一節に「日本ノ手紙書クコト甚ダムツカシクナリ」とあるからそういう事情なのかもしれないけれども、あるいは、彼はローマ字論者なのだが、このときにすでにそんな考えを持っていたのかもしれないとも考えられる。両親はローマ字がわからないからカタカナで書いた、というような。在独中の手帳にはローマ字表記案をメモしている。もとより不完全だが、おもしろいのは、ヤユヨがドイツ式に ja, ju, jo、ラリルレロが ra, ri, ru, re, lo（!）、へが fe、シ si、チ ti、ツ tu、ヅ du、ワ wa, va、フ f, fu、ク k, ku、ス s（!）、ヲ o、ヰ e（!）、ヱヒ jo-j となっている（平賀：七一）。Diro Kitao と署名したのは自身のローマ字表記によったのだろう。帰国後は学会誌のローマ字書きを推進した（ローマ字論者は田中館愛橘をはじめ物理学者に多い）。カタカナ書きをすれば表記が発音と一致するので、手紙には「フラツナル（不埒なる）」「クヤ（木屋）」などのように出雲弁が現われてくる。日本語を話すときは出雲弁だったのだろうと想像できる。

明治二〇年（一八八七）九月の「学海之指針」第三号に彼の『颶風ノ説』が載っており、それは「独逸ニテ演説シタルモノ」の翻訳だというが、それは同年の『理科大学紀要』に発表された彼の学術上の代表作『地球上大気ノ運動及颶風ノ理論』(独文)がすでに在独中に構想されていたことを示す。この『台風論』は大英百科事典一九〇二年版にも紹介されているという(中村清二。平賀：七七)。それはさておき、『颶風ノ説』の前段でこう述べている。「嗚呼我邦ノ国語タル、支那ノ文学ノ為メ、支那ノ国語ノ為メ、妨害ヲ被ムル少カラズ、為メニ千尺雲ヲ凌グノ発育ヲ遂ゲズ、為メニ美大ナル榊樹トナルヲ得ザリシハ、実ニ浩歎ノ至ナリ」。「若シ夫レ今日ノ子孫ヨリ有為ノ人傑輩出シ、一身ヲ挙ゲテ此問題ノ犠牲トナシ、太古神代ノ諸記録ハ固ヨリ口碑ニ伝ハル昔話ノ類ニ至ルマデ其由来ヲ考察シ、以テ言語ノ根本ニ遡リ適宜ノ文字ヲ作リ、終ニ日本ノ言語ヲシテ独立セシメ、他国ノ混濁物ヲ遊離セシメナバ、以テ発達ノ新路ヲ得ルヤ論ヲ待タズ、況ンヤ他年一神人ノ日本ニ生レ、其偉大ナル翼上ニ我ガ国語ヲ駕シ去リテ最高点ノ完結ヲ得セシムルニ至ルヤ復タ未ダ知ルベカラザルヲヤ」。彼の手帳に「誰かが文学的著作をローマ字によって著さねばならぬ。それは北尾次郎氏か」(平賀：七一)とあったのをちょっと思い出す。だが、次郎はローマ字書きの日本語文学はついに著さず、ドイツ語をローマ字で書いた一大小説を稿本で残しただけだが。その演説で彼は続いて「然レドモ此ノ如キ時期ノ来ルハ恐クハ我等ガ既ニ瞑目シタルノ後ナラン、何トナレバ此事業ヤ数百年ノ星霜ヲ要スル至難ノ問題ナレバナリ」と言っている。「適宜ノ文字」がまだないところを見ると、神人はいまだに現われていない。

短命であったのと（五三歳で病没）、「学者社会の仙人」と言われるような性格だったため、この人の事蹟には今一つわからぬことが多い。内田魯庵が「或る時鴎外を尋ねると、近頃非常に忙しいという。何で忙しいか訊くと、或る科学上の問題で北尾次郎と論争しているんで、その下調べに骨が折れるといった。その頃の日本の雑誌は専門のものも目次ぐらいは一と通り目を通していたが、鴎外と北尾氏との論争はドノ雑誌でも見なかったので、ドコの雑誌で発表しているかと訊くと、独逸の何とかいう学会の雑誌（今はその名を忘れた）でだといった」（内田：三四三）と書いているが、それがどんな雑誌でどんな論争なのかわからない。彼らの専門は重ならないので、あるいは日本のあの幻の独文雑誌『東漸新誌』（二人とも主要寄稿者であった）ではないかと思うが、根拠はない。次郎はともかく、鴎外のほうは研究者たちによってさんざん調べられているから、そこでこの「論争」の話が現われてこないのは不思議だ。また、南方熊楠が「前年北尾次郎君なりしか、なにか数学上の大発明をなしドイツに報ぜしに、やつとその前に同じ説がかの国人に出されありて残念なりしといふことを川瀬善太郎（林学博士）に聞き候。これらは日本に図書館整頓せず、また図書館あるもビブリオグラフィー（参考項目の目録）備わらざるゆえに御座候」（明治四四年一〇月一七日付柳田国男宛書簡。南方e：一九三）と伝聞によって言及する「数学上の大発明」についても不明だ。だが、いかにも大発明をしそうな人だと思われていたことはわかる。

絵をよくし、ピアノも弾く人であったが、東信濃町の家も自分で設計した。洋館である（今江戸東京たてもの園に移築されている）。妻がドイツ人でそのうえ義足だから（左脚がなかった）、当然であろう。明治三九年（一九〇六）病勢が悪化して休職のやむなきに至り、東信濃町の家はドイツ人建築家に貸し、自身は代々木に新居を建てて静養につとめたが、翌年死去した。

次郎は帰国の翌年ルイーゼを連れて松江に帰ったが、おそらく西洋人女性が来るのは初めてだったのだろう、一騒動だった。「次郎君が妻君同道にて市中を買物に歩くと云ふと、市の老若男女が其身辺を取りまき推しな推しなの勢で、後よりゾロ〳〵ついて行くと云ふ有様にて、留枝子君の神経を高めて次郎君も閉口せられ、到底市中見物の散歩は出来ぬ事となれり、然し親類巡りは是非せねばならぬとあつて、其行程は先づ松村氏門前の京橋川の石垣より船に乗して大橋詰にて上陸し、佐藤氏を始め歴訪せば、群衆をまくことが出来やうと云ふ考案にて、或日門前より次郎君夫妻と身近き人々四五人が乗船出発せし所が、ソレ唐人の奥様が船に乗つて行くと云ふ騒となり、片原町の川端今の三階楼の前や日本銀行支店前なぞ、京橋川の両岸に群衆は列をなして見物すると云ふ騒にて、次郎君夫妻は愈々降乗して居られたりき」。また、「親類巡りの際、玄関先の臼庭より奥座敷に通られしに靴其儘なりし様に記憶せり」（桑原羊次郎。平賀：八二以下）。このとき、装飾品を多く持っていると思われたか、ある夜泥棒に入られた。日本の家は往々戸締りに無頓着なので、ルイーゼは非常に恐れ、急遽帰京することとなり、その後再遊することはなかったという。

孫の名前も次郎である。祖父の死後大正六年（一九一七）の生まれだが、ルイーゼが「もう一度次郎と呼びたいから」と言って、その名になったということだ。夫婦愛のほどがうかがえる。ルイーゼはきわめて家庭的な婦人で、「槙木割りを始めとして水汲み等の荒仕事まで、義足で不自由なる留枝子君の働き振りは並ミ大抵な事ではなかつた」（桑原。平賀：七三）。また「其の余暇中には、懇意な来客中にても、編物は手を離れざる程であつた、従つて編物は余程上手であつた、一時は駿河台の成立学舎女子部の編物の講師として勤められたることもあつた」（同前）。後年息子に名家から嫁を迎えることになったとき、嫁の手が大きいのを見て、仕事のできる手だと安心したという話も、彼女の性格を示していよう。

三宅艶子（一九一二—九四）がルイーゼの思い出を書いている。父が次郎を高く評価していた三宅雪嶺の甥であったためか、母やす子は北尾留枝子や同じくドイツ人だった山崎橘馬夫人と親しく、彼女らから西洋家庭料理を習い、それは娘艶子に伝わった。

「北尾さんは私の生活の中に大きく残っている。というより、現在私がつくる料理の中に北尾さんはいつも顔を出す。（…）先日（一九八〇年）も、ふだん家の台所をよく知らない人が、カリフラワーをゆでて、そのゆで汁をさあっと流しにあけた。私は思わず横から「あ」と声を出してしまった。

「いけなかったんですか。あのゆで汁を捨てては」と若いお嬢さんが私の声にびっくりして訊いた。「牛乳と半々にゆで汁をいれると、ホワイトソースがおいしくなると思って。でもいいのよ、これをゆでて、と言っただけなんですもの、初めに言っておかなかったし」と私は言いながら、こんなに長い間、北尾さんはツヤコの台所にまでお顔を出して下さる、と思ったことであった」（三宅：一五〇以下）。

留学先から配偶者を連れ帰ったなら、その人の人生もまた留学の一部であろう。

北尾次郎の友人には、**松野礀**や**山崎橘馬**など同じ船で留学の途についた人が多い。長州人**井上省**

三（一八四五―八六）も明治三年（一八七〇）伏見満宮一行に従ってドイツへ留学したので、次郎らと同船である。はじめ兵学を学んだが、青木周蔵の意見に従い、毛織物工場に職工として入って製絨技術を身に付けた。青木は留学生の専攻が医学と兵学に偏っているのを文明増進によからずとして、ほかにも松野礀を林学に、山崎橘馬を製紙業習得にと説得した（青木：三〇以下）。井上は帰国後製絨所を設立している。なお、この人もドイツ人と結婚した。ドイツ留学に出発する前、ドイツ公使館書記**ケンペルマン**（一八四五―一九〇〇）の宿所春桃院に住み込んでドイツ語を学んでいる。木戸孝允の斡旋による（熊沢b：一五六以下）。七月からドイツへ旅立つ一二月までの間だが、これをしも木戸は「留学」と呼んでいる（井上の表現では「入込稽古」）。たしかに、言葉本来の意味から言えば「留学」に違いない。

このケンペルマンは通訳生として慶応三年（一八六七）に来日し、明治一二年（一八七九）まで日本にあった。ドイツ医学輸入の第一陣となった明治四年（一八七一）の陸軍軍医ミュルレルと海軍軍医ホフマン招聘に尽力した。その衝に当たった石黒忠篤は、ケンペルマンを「よく日本語を話す」と評している。明治二年（一八六九）には気吹舎（平田篤胤の開いた家塾）入門を申し込んでいる。篤胤の「古道大意」を読んで思い立ったということだが、それは断られたようだ（熊沢a：

五五）。ドイツ東洋文化研究協会の創立メンバーであり（一八七三）、その会報に『カミの教え報告』（一八七四）・『神代の文字』（一八七七）を発表しているのが平田国学を学んだ足跡と言える。気吹舎に入門していれば、欧米人による珍しい日本「留学」の事例になったはずだ。学びは本来自由なものだ。学校制度は学びのほんの一部分でしかない。

彼は明治一〇年（一八七七）に出雲への旅行を行なった。イギリス人の「同業者」で先輩であるアーネスト・サトウ（一八四三—一九二九）がその機会を得た外国人として初めての伊勢神宮参拝（一八七二）に対応するものである。サトウは『古神道の復活』（一八七四）で平田篤胤の神学を詳しく紹介しているわけで、この二人の軌跡は平行している。出雲大社の参拝ということでは、ラフカディオ・ハーンの先駆けともなっている。

鴎外森林太郎（一八六二—一九二二）の留学は、その昔の遣唐使留学の空海のように、輝かしいもののひとつである。明治一七年（一八八四）八月に出発し、まずライプツィヒでホフマン、ドレスデンでロート、ミュンヘンでペッテンコーファー、ベルリンでコッホに師事し、明治二一年（一八八八）帰国。帰朝の後は、いわゆるドイツ土産の三部作、『舞姫』『うたかたの記』『文づかひ』で華々しく文壇に登場した。

彼の経験したのは、興隆期のドイツ帝国である。流麗な筆で描かれる太田豊太郎のベルリン。「余は模糊たる功名の念と、検束に慣れたる勉強力とを持ちて、たちまちこのヨオロッパの新大都の中央に立てり。なんらの光彩ぞ、わが目を射んとするは。なんらの色沢ぞ、わが心を迷わさんとするは。菩提樹下と訳するときは、幽静なる境なるべく思わるれど、この大道髪のごときウンテル、デン、リンデンに来て両辺なる石だたみの人道を行く隊々の士女を見よ。胸張り肩そびえたる士官の、まだウィルヘルム一世の街に臨める窓に倚りたもうころなりければ、さまざまの色に飾り成したる礼装をなしたる、妍き少女のパリーまねびの粧いしたる、彼もこれも目を驚かさぬはなきに、車道の土瀝青の上を音もせで走るいろいろの馬車、雲にそびゆる楼閣の少しとぎれたるところには、晴れたる空に夕立の音を聞かせてみなぎり落つる噴井の水、遠く望めばブランデンブルク門をへだてて緑樹枝をさし交わしたる中より、半天に浮かびいでたる凱旋塔の神女の像、このあまたの景物目睫の間にあつまりたれば、はじめてここに来しものの応接にいとまなきも宜なり」(『舞姫』)。

帰国から二〇年以上たって書いた『妄想』の中でも留学時代をこうふりかえっている。「自分がまだ二十代で、全く処女のやうな官能を以て、外界のあらゆる出来事に反応して、内には嘗て挫折したことのない力を蓄へてゐた時の事であつた。自分は伯林にゐた。（…）昼は講堂やLaboratorium で、生き生きした青年の間に立ち交つて働く。何事にも不器用で、痴重といふやうな処のある欧羅巴人を凌いで、軽捷に立ち働いて得意がるやうな心も起る。夜は芝居を見る。舞踏場にゆく。それから珈琲店に時刻を移して、帰り道には街燈丈が寂しい光を放つて、馬車を乗り廻す掃除人足が掃除をし始める頃にぶらぶら帰る。素直に帰らないこともある」（『妄想』。鷗外b：一二五以下）。

コッホやペッテンコーファーのような一流の学者について学び、ナウマン博士（フォッサ・マグナやナウマン象の発見者）の日本論をめぐる新聞紙上での論争や、国際赤十字会議での日本の矜持を示す発言など、日本を代表し堂々と（多少は過剰に）国の誇りを擁護し主張する若き秀才の姿に喜ぶ人は多かろう。

だが、こんな回想もしている。当時の駐ドイツ公使青木周蔵との会見や大学での出来事がおもしろい。公使館を訪ねると、「若い外交官なのだらう。モオニングを着た男が応接する。椋鳥は見慣れてゐるのではあらうが、なんにしろ舞踏の稽古をした人間とばかり交際してゐて、国から出たばかりの人間を見ると、お辞儀のしやうからして変だから、好い心持はしないに違ない。なんだか穢い物を扱ふやうに扱ふのが、こつちにも知れる。名刺を受け取つて奥の方へ往つて、暫くして出て来た。

「公使がお逢になりますから。こちらへ。」

僕は附いて行つた。モオニングの男が或る部屋の戸をこつ〳〵と叩く。

「ヘライン。」

恐ろしいバスの声が戸の内から響く。モオニングの男は戸の握りに手を掛けて開く。一歩下つて、僕に手真似で這入れと相図をする。僕が這入ると、跡から戸を締めて、自分は詰所に帰つた。

大きな室である。様式はルネッサンスである。僕は大きな為事机の前に立つて、当時の公使S.A. 閣下と向き合つた。公使は肘を持たせるやうに出来てゐる大きな椅子に、ゆつたりと掛けてゐる。日本人にしては、かなり大男である。色の真黒な長顔の額が、深く左右に抜け上がつてゐる。胡麻塩の頬髯が一握程垂れてゐる。独逸婦人を奥さんにしてをられるといふことだから、所謂ハイカラアの人だらうと思つたところが、大当違で、頗る蛮風のある先生である。突然この大きな机の前の大きな人物の前に出て、椋鳥の心の臓は、斂めたる翼の下で鼓動の速度を加へたのである。(…)

「君は何をしに来た。」

「衛生学を修めて来いといふことでございます。」

「なに衛生学だ。馬鹿な事をいひ付けたものだ。足の親指と二番目の指との間に縄を挟んで歩いてゐて、人の前で鼻糞をほじる国民に衛生も何もあるものか。まあ、学問は大概にして、ちつと欧羅巴人がどんな生活をしてゐるか、見て行くが宜しい。」

「はい。」

僕は一汗かいて引き下つた。希臘人や羅馬人の画にかいたのを見ると、紐で足に括り附けたサンダルといふのを穿いてゐるが、なる程現今の欧羅巴に、足の親指と二番目の指との間に、縄を挟んで歩いてゐるものは無いに違ひない。但し鼻糞をほじつてはならないといふことは、僕はこれまで考へても見なかつた。人の話に、どこかの令嬢が見あひに行つて、鼻糞をほじつて、破談になつたといふことは聞いたが、それも令嬢で、場所が場所だから不都合であつたのだ位にしか思はなかつた。まあ、公使の前でほじらないで好かつたと思つたのである。

それから僕は独逸に三年ゐた。学生に交際する。大相親切らしいと思つては、金を貸せと云はれてびつくりする。パンジオンの食堂に食事をしに出る。一同にお辞儀をすると、ずらつと並んで腰を掛けてゐる男女のお客が一度に吹き出す。聞けば立つて礼をする法は、此国では中学時代に舞踏の稽古をするとき、をすはるのである。それだから僕のやうな不調法なお辞儀は見た事がないのだ。跡で人の好いお嬢さんが、責めて両手に力を入れないで、自然の重りでぶらつと下がつてゐるやうにして、体を真直にして首をお屈めなさいと教へてくれた。大学の業室に出て、ベツヘルグラスの中へ硝子棒の短いのを取り落す。これはしまつたと、長い硝子棒を二本、箸にして、液体の底に横はつてゐる短い棒を挟んで、旨く引き上げる。さうすると、通り掛かつた教授が立ち留まつて見てびつくりして、どうしてそんな軽技が出来るのだと問ふ。飯を食ふとき汁の実をはさむのと同じ事だから、軽技でも何でもないと答へると、教授が面白がつて、業室中にゐる学生を呼び集めて、今の軽技をもう一遍遣つて、みんなに見せて遣れと云ひ付ける。為方がないから、器の儀は改めまして御覧に入れますとも何とも云はずに、同じ事を遣つて見せる。師弟一同野蛮人といふものは妙なものだと面白がる。僕は腹の中で、なる程箸なんぞも例の下駄や草履の端緒と同じわけだなと思ふ。併し負けじ魂は底の方にあるから、何だ欧羅巴の奴等は日本人の台所でする事をお座敷でするから、ナイフやフオオクが入るのだ、マリア・スチユアアト時代にはそのナイフやフオオクもまだ行はれないで、指で撮まんで食つたといふではないかなどと、腹ではけなしてゐるのである。

僕は三年が間に、独逸のあらゆる階級の人に交つた。詰まらない官名を持つてゐたお蔭で、王宮のアッサンブレエやソアレエにも出て見た。労働者の集まる社会党の政談演説会にも往つて見た。但し次の分は内証である。あの時は翌日新聞に書かれて、ひどく恐縮したつけ。

併し此三年の間鼻糞をほじるものには一度も出逢はなかつた」(『大発見』。鴎外a：一四六以下)。

しかしとうとうあるドイツの小説に鼻をほじる男を「大発見」する、という話である。

留学中にはこんなことも考えた。「西洋人は死を恐れないのは野蛮人の性質だと云つてゐる。自分は西洋人の謂ふ野蛮人といふものかも知れないと思ふ。さう思ふと同時に、小さい時二親が、侍の家に生れたのだから、切腹といふことが出来なくてはならないと度々諭したことを思ひ出す。その時も肉体の痛みがあるだらうと思つて、其痛みを忍ばなくてはなるまいと思つたことを思ひ出す。そしていよいよ所謂野蛮人かも知れないと思ふ。併しその西洋人の見解が尤もだと承服することは出来ない」(『妄想』。鴎外b：一二九)。

また、自分の性欲を金井湛君という分身の回顧という形で描いた『ヰタ・セクスアリス』の中で、留学時代の女性との遭遇をふりかえっている。「伯林の Unter den Linden を西へ曲つた処の小さい珈琲店を思ひ出す。Café Krebs である。日本の留学生の集る処で、蟹屋蟹屋と云つたものだ。何遍行つても女に手を出さずにゐると、或晩一番美しい女で、どうしても日本人と一しよには行かないといふのが、是非金井君と一しよに行くと云ふ。聴かない。女が癇癪を起して、mélange のコップを床に打ち附けて壊す。それから Karlstrasse の下宿屋を思ひ出す。家主の婆あさんの姪といふのが、毎晩肌襦袢一つになつて来て、金井君の寝てゐる寝台の縁に腰を掛けて、三十分づつ話をする。「をばさんが起きて待つてゐるから、只お話だけして来るのなら、構はないといひますの。好いでせう。お嫌ではなくつて。」肌の温まりが衾を隔てて伝はつて来る。金井君は貸借法の第何条かに依つて、三箇月分の宿料を払つて逃げると、毎晩夢に見ると書いた手紙がいつまでも来たのである。Leipzig の戸口に赤い灯の附いてゐる家を思ひ出す。絉らせた明色の髪に金粉を傅けて、肩と腰とに言訣ばかりの赤い着物を着た女を、客が一人宛傍に引き寄せてゐる。金井君は、「己は肺病だぞ、傍に来るとうつるぞ」と叫んでゐる。維也納のホテルを思ひ出す。臨時に金井君を連れて歩いてゐた大官が手を引張つたのを怒つた女中がゐる。金井君は馬鹿気た敵愾心を起して、出発する前日に、「今夜行くぞ」と云つた。「あの右の廊下の突き当りですよ。沓を穿いて入らつしつては嫌。」響の物に応ずる如しである。咽せる様に香水を部屋に蒔いて、金井君が廊下をつたつて行く沓足袋の音を待つてゐた。München の珈琲店を思ひ出す。日本人の群がいつも行つてゐる処である。日本人が皆其女を褒めちぎる。そこの常客に、稍や無頼漢肌の土地の好男子の連れて来る、凄味掛かつた別品がゐる。或晩その二人連がゐるとき、金井君が便所に立つた。跡から早足に便所に這入つて来るものがある。忽ち痩せた二本の臂が金井君の頸に絡み附く。金井君の唇は熱い接吻を覚える。金井君の手は名刺を一枚握らせられる。旋風のやうに身を回して去るのを見れば、例の凄味の女である。番地の附いてゐる名刺に「十一時三十分」といふ鉛筆書きがある。金井君は自分の下等な物に関係しないのを臆病のやうに云ふ同国人に、面当をしようといふ気になる。そこで冒険にも此 Rendez-Vous に行く。腹の皮に妊娠した時の痕のある女であつた。此女は舞踏に着て行く衣裳の質に入れてあるのを受ける為めに、こんな事をしたといふことが、跡から知れた。同国人は荒肝を抜かれた。金井君も随分悪い事の限をしたのである」（『ヰタ・セクスアリス』。鴎外 a：二三七以下）。

『ヰタ・セクスアリス』はどうで創作であるが、この人の性格からして、まんざら嘘は書くまい。しかし、編集や省筆ならお手のものだろう。ここには当然現われてこないが、留学中の女性関係では、帰国した彼のあとを追って日本に来た恋人、いわゆる「エリス」の存在も有名だ。「もてる」、異性を魅了するというのは、どうして、人間を見るとき非常に重要な要素である。どうやら明治初頭の留学生にはけっこうもてる人がいたようだ。初期の留学生はだいたいが士族の青年である。倫理的な高さや立居振舞の美しさを身につけていたわけで、おそらくそういうことによるのだろう。武士は結局のところ、人を殺し自分も死ぬ仕事である。命のやりとりをする男は女を引きつける。ヤクザがもてるのと同じ道理だ。また、江戸時代には家を守るため養子に行ったりもらったりすることが盛行していた。それが可能なのは、やる家もらう家に共通の作法の体系があるということで、そういう作法の美を体得しているわけだ。「文明人」だということだ。文明人ならもてるだろう。

鴎外の長男の解剖学者**森於菟**（一八九〇―一九六七）もドイツに留学した。「大正十一年四月私が留学を命ぜられ山田珠樹の妻であった妹茉莉と同船で欧州に向う時、父は笑って私に「お前はおれとちがってじじいになって行くから面白い事もあるまい。」と云った。老人の頭に若い昔の影―エポレットを輝かして若い独逸士官とビールの杯をあげた―がさしたと見える。この年の七月九日父はその生涯を終って、観潮楼の一室（階下洋室）で哲人のごとく眠った。その訃報を私は伯林の下宿で受取ったが、それは奇しくも父と縁の深いワイマルに Goethe の遺跡をひとり訪ねて父の上を想いつつ帰った翌日であった」（森：二四四）。於莵は渡欧時三二歳、すでに結婚しており、二子があったのである。それはつまり、鴎外と「じじいになって行った」漱石（三三歳・既婚・一子あり・留学中に次子誕生）の違いということでもある。近代文学史に並称されるこのふたりの留学は、近代留学のふたつの極だ。

鴎外と同じ石見出身の文芸評論家**島村抱月**（一八七一―一九一八）は、明治三五年（一九〇二）三月八日、讃岐丸に乗ってイギリス留学に出発した。ロンドンに着くのが五月七日だから、二ヶ月の長い船旅である。旅にはさまざまな出会いがある。「観照の人」抱月は、船中で見た印象的な光景をいくつも書き留めている。二等船室の客である彼は、上も下もよく眺められた。

横浜の出航時には「半白ナレドモ豊頬ナル左シテ上品ナラヌ老女一人ノ混血ノ女児十歳許リナルヲ抱キテ本船ヨリ帰ル、女児老女ノ膝ニ泣キ崩ル　蓋シ父ノ外人ガ国ヘ帰ルヲ送リテ別レタル類ニヤ覚エズ涙ヲ催シヌ」（『渡英滞英日記』。明治：八四）。「下等室ニすまたら移住民ノしんがぽーるニ下船スルモノ数十人乗組メリ　其中ニハ妻ヲ携ヘタルモノ子女ヲ携ヘタルモノアリ、十二三ノ無邪気ノ女児ノ夕暮ニハ相連レテ唱歌ヲ歌ヒナガラ甲板ヲ往キツ戻リツスル可憐也 事務長ハイフ彼等モ末ハ何ニナルカト 蓋シ淫売婦タルベシトノ意也」(同前:八五)。

「三月二十三日 曇、香港着。支那人の人足ども先を争ひて端艇に来たり、仕事を求む。人々うるさしとて大喝すると共にステツキ、傘の類を打ちふりて殴打すれば、四十男が泣顔して手を合はせ容赦を乞ふ。意気地なしとも言はばいふべけれど、国民としての彼等が立脚地も悲しきものなり、おのづから斯くもなるべし。さるにても家には彼を夫と頼り父と縋るものもあらんを、其れらを見なば、如何に心外にや思はん。我れも未だ野蛮人を打ちしことなければ、好き折りと背中をこづき試みたりなど誇り顔に説くものある、我は與みせず」(『海上日記』。抱月:一一二)。醜い日本人の姿をよく覚えておこう。南京の暴兵へ続く道だ。

「三月二十八日 新嘉坡着。上陸、見物。某旅館に日本料理の昼食を呼びたり。胡瓜もみのうまかりしこと、今に忘れず。例の馬来街といふを過ぎる。怪しげなる洋服して、髪は仏蘭西巻といふにかぶりたる日本婦人の、三人五人、店頭に卓を擁して、頬杖せるものあり、居眠りせるものあり。一行の人々車上より指顧して、国辱なりと罵るもあれば、国益なりと笑ふもあり。さすがに得堪えでや、顔を背くる女ありき。彼等が一代を思ふに、恋にあらず、欲にあらず、頬に血あり、顔に嬌羞あるあひだは、彼等たゞ、怨みに熱き涙をや命としけん。其の涙涸れはて丶こそ、眼元に浮ぶ今の笑ひは死よりも冷かに、泣くべき故郷を雲と見て、身は浪枕の、揺れつ流れつ、をかしう暮らす月日なり。さるにてもこの地に上陸せる女児等が、やがて読むべき身の因果経かと哀し」（同前：一二四）。そのころで言う醜業婦、からゆきさんたちである。彼女らの情けに助けられる者も多かったのに、国辱論者国益論者たちは一度彼女らの援助を乞う境遇に落ちてみるといいのだが、なかなかそうはならない。

一方、「シャムの王子」も船に乗ってきた。「三月廿九日（…）Siam ノ Prince トイフモノ乗リ込ム 十三歳ナリトイフ 種々ノ話ナドス中一人ノべるりんへ行キ玉フカト問ヘルニ其ノべるりんトイフ音余リニ早口ナリ 徐々ニ言フベシナドイヒ又概シテ人ニ親シミテ聊カモ遠慮ハニカミトイフコトナキハ流石ニ大様素直ノ育チト思ヒタリ 午後ヨリ一等ノ方へ行ク、今日土人ノ蛇遣ヒ手ヅマ師来タル 三片与ヘタリ」（明治：八八）。

西洋人も多い。「ペナンより乗りし洋人夫婦に一人の医師といふ洋人同行せり。妻君が夫をば全く忘れたらん如く終日、医師と散歩を共にし、午眠を共にし、会話を共にするを見て、衆評紛々たり」（抱月：一二八）。暇をもてあます人たちに格好の話題提供だ。

「四月六日　朝七時頃コロンボ港着（…）土人ノ児童ノ河童ノ如ク髪ヲ蒙レルガ桟ノ如キ船ニ二三人宛乗リテ船ノ傍ニ来リ客ノ銀貨ヲ投ズルヲ待チ海中ヲ潜リテ之レヲ拾フ、間々ニハ肱ニテ胴ヲ打チ拍子取リテ歌ヲ謡フ調子可笑シ」（明治：八九）。「四月八日（…）例ノ如ク宝石屋等多勢来タル　彼等ヲ始メ上海以来土人等ノ用フル英語ニハ一種ノ訛アリ　例ヘバ悪イ品ハ売ラヌトイフニI no sale no good トイフ類也」（同前：九〇）。

「四月二十日　晴、衣服を重ぬ。午後スエズに着き、夕暮より運河に向かふ。（…）双岸の荒野、平砂茫々として、オアシスの形ちせる所には、樹木の間よりかすかに燈光の点々たるを見る。彼所にも人生あるよなど思ふに、淋しく物悲し。遥かなる砂山の麓より蒼然たる暮色藹の如く蔽ひ来て、悲風何れよりともなく吹きすさみ、天地剖闢の暁、人間太古の廓寥も斯くやと感ぜらる。原人其の中をさまよふの記録は、やがて聖書にあらずや」（抱月：一二六）。この時代のヨーロッパへの留学生みなが見た風景で、和辻哲郎の「風土」論もこの感銘より萌した。

マルセイユの港では、「四月二十九日　晴、音楽を載せたる小船来たる。楽器はヴイオリンと立琴。楽手は二人の壮漢と少年一人少女一人。少女の十六七なるが、衣服の褻れたるに、帽は固より戴かず。白面の少年と相対して、心中の楽を弾ずと聞けば、興深し。舟を寄せ一曲弾じ了りては、少羞を帯びて銭を乞う。久しく楽音に飢えし我れは、之れをすら可憐と見ぬ」（抱月：一二七）。「船員ノ一人ハ言フ　此前来タリシトキハ彼ノ女マダ小供ナリシニ今回ハ早年頃ノモノトナレリ　己ガ年ノ立ツコト早キガ之レニテ初メテ気ニ留マル也ト」（明治：九二）。同じ乞食楽師でも、通過するだけの人と回帰する人の見るものは少しずつ違い、持つ意味もまた違う。

留学壮行会で抱月は、「近頃洋行して帰朝する人は大抵何等かの土産を持つて来ます。或る人は『標準語』の論をお土産に持つて来ました。或る人は○○○を、また或る人は○○○を持つて来ました。私は出来るものならば欧洲文明の背景といふものを見味はつてそれをお土産に持つて来たいと思ひます」（川副：一〇五）と抱負を述べた。彼の留学は漱石とほぼ同時期で、漱石の場合希望しないのに行かされた留学であったのは前に見たとおりである。その前の世代が西洋の学術技芸を日本に移入するべく勉学に励み、学位を取って帰朝しお雇い外国人に取って代わるよう要請されていたのに対し、彼らの頃には留学がセレモニー化していたと言える。大学の教師になるためには留学という段階を踏まなければならない。むろん先進欧米から学ばねばならぬことはなお多くあったので、大いに努めてはいるのだが（漱石など神経衰弱になるまで勉強していた）、学位取得は第一の目的ではない。留学がゆとりのあるものになってきたということである。留学制度の充実とも言えるが、形骸化への一歩手前とも言える。抱月の場合は、官学に三〇年遅れて、私学の早稲田がようやく自前で優秀な卒業生を留学に送り出し、帰朝後自学の教師に採用して、大学のさらなる発展をはかろうとしているわけなのだが、それでもこのような余裕がある。彼の留学を特徴づける三つの傾向、散歩や小旅行、ほとんど日曜ごとの教会通いと宗教への関心、熱心な観劇は、その目的に沿うものだ。勉強もよくしているが、聴講生としてである。自筆履歴書によれば、

「明治三十五年十月より三十七年六月まで英国オクスフォード大学にてE. de Selincourt講師の英文学講義、同じくExamination Schoolに於いてG.F. Stout教授の心理学講義、同じくAshmolean Museumに於いてP. Gardner教授の希臘彫刻講義を聴講す。

明治三十七年十月より三十八年六月まで独逸ベルリン大学に入りH. Wölfflin教授の十九世紀芸術史講義、Max Desoir教授の美学原論講義に出席す」(川副：一三五以下)。

抱月は観察にすぐれる。滞英中の旅行風景を見よう。「八月十四日にかしま立して、初めの二週間は北の田舎に、後の二週間は南の田舎に、倫敦の夏を避けた旅中旅行記の一節が是れである。バンク、ホリデーの季節と云ふので、同行すべて十二人、にぎやかな、多趣味な旅行隊であつた。勿論一行の十一人までは此の国の人で、彼等が呼んで極東の友といふ日本人は吾一人。更に之を品別

けすれば、牧師が一人、其の妻君、女教師をしてゐる姉妹のミス、意匠業の人、其の細君、幾棟かの大家で、家屋売買の世話もするといふ男、石油会社の役員、小蒸汽の持主、其の妻君、建築請負業者が一人、風来の吾れを加へて、締めて十二人である。（…）

「ミス、ビーの今度のエンゲージメントについては、面白い話しがあるぢやありませんか。お聞きで？」

「どんな話し？ 聞かして頂戴ね。ね。」

とせき込んで、向き合つてゐる細君の膝を揺すつたのは妹娘である。

「まあ、急つかちな。待つてゐらつしやい。忍耐は徳なり！ 教訓になる話しですよ。之れはミセス、ビーから聞いたのだから事実でせう。ミスター、シーが今度の申込みをしたのは、先月の初めの日曜日で、教会の帰りであつたさうですが、ミス、ビーの方では、全く突然なので、何とも返事をしかねたさうです。併しあの通りしつかりした女ですから、返事を次ぎの日曜まで待つて呉れと言ひ延して、其の晩はそれなり別かれたさうです。それから家へ帰つて、一週間のあひだ、誰れにも話さないで、一人で考へて、考へて、到頭承諾することに決めたのですと。そして次の日曜の晩、また教会の戻りに一緒になつて、約束をしたのださうですが、是れからがお話しですよ。其のエンゲーヂメントの発表のしかたが面白いぢやありませんか、月曜のお昼に、家中のものが、みんなテーブルに集まつた時に、だしぬけにミス、ビーが「わたしや或る重大なニユースを持つてゐる」と、斯う言つたさうです。するとみんなが「何だ〳〵」といふ。ミス、ビーが「ミスター、シーの一家に関して」といふと予て知り合ひの仲ではあるし、みんながびつくりして、フオークもナイフも投げ出してミスビーの顔を見てゐると、ミス、ビーは落ちつき払つて、「ミスター、シーが結婚約束をしたさうです」と言つたのですとさ。みんな吹き出して、「何のことだ」とは言つたが、ミス、ビーの顔があんまり真面目なので、シスターが「誰れと？ 姉さん」と問ふと、ミス、ビーが真面目くさつて「ミス、ビーとです」と言つたので、皆な二度びつくりして、「まあ此の人は」と言つた限りで、跡は大笑ひになつたさうです。」」（『旅中旅行』。抱月：一二九、一三一以下）。オースチンの小説はまさに写実だったことがわかる。

抱月の滞欧は日露戦争に重なる。戦勝を喜ぶのはいいのだが、『英国で見た日本』を報じる記事中に気になる一節がある。「従来欧羅巴のものが、東洋人―亜細亜人―未開人といふ勝手な評価から、東洋人の悪特性として数へるもの、陰険、狡猾、酷薄、卑屈といふやうな箇条が最も普通で、オリエンタル、ツリーチエリー（東洋的奸黠）オリエンタル、クルエルチー（東洋的残忍）オリエンタル、サーギリチー（東洋的奴隷心）といふ語は、種々の場合に用ひられてゐる。而して其の標本は支那人と見られ、非常の軽侮を受けてゐる。日本人が常に貧民町などで小供に跡から囃されなどするのは、大抵この支那人と見られるからで、彼の『ゲイシヤ』と題する芝居に使つてある「チン、チャン、チャイナマン」といふ唄を唄ふ。此の唄は三ツ子でも知ツてゐる。つまり従来の日本人は支那人と不名誉を分かつてゐた。日清戦争以来、一部の人には、日本といふ国の支那と別であることが分かツたれど、今回の戦争までは到底普通一般に我が国の地位を認められることは出来なかつた。現に僕など、日本は何時から独立したかなどいふ問に、屡々接した」（抱月：一六二以下）。当時の欧米先進国では人種差別を受ける現状があるわけで、「黄禍論」を忌みつつも、「脱亜入欧」の口吻を漏らす。「脱亜入欧」は中国人と見分けのつかぬ風貌（背は彼らより低いのだけど）の欧米留学のエリートにとって、切実に身体的な問題だったのだろう。

明治三八年（一九〇五）七月二六日、ドイツ船ローン号で帰朝の途に着く。長い船旅の無聊を慰める乗客たちの素人演芸会が催され、その余興に〝Loss and Gain〟というファルスを書いて朗読した。九月三日には上海に上陸、芝居を見る。「夜八時頃より四馬路の丹桂茶館といふ支那戯場に到る、観劇一時間許にて出づ、入口に便所ありて臭気甚し、舞台の構造は極めて簡粗、奥は普通の硝子戸にて仕切り、書割道具立といふもの更に無し、囃子方及道具方とも舞台正面に居り、入口は上手下手の両奥にあり、多くは役者下手口より出で、上手口に入る、立廻りは取ッたりにて持切り、顔の隈取の grotesque なること甚し、二場目に道化的濡場あり一寸見るに足る、他は殆ど論外也囃子の騒しきこと限り無し歌詞とセリフのチャンポン也幕合いといふもの全くなし、見物は卓子を囲みて座し得ること独乙あたりの寄席のそれと同じ、茶を碗に盛りたるを持来る、番附は紅紙に摺りたるを持来る、見物の騒々しく勝手に立あるき且高声に話合ふ様乱暴也、此費用四五十銭を超えず上海第一の支那劇場也、途中四馬路は支那街の最繁富の所、妓楼軒を並べ、街上には芸妓の輿を飛ばすもの引きもきらず」（榎本・竹盛：九三）。帰国後劇団芸術座を主宰して活躍する人であり、滞欧中は観劇に足を運ぶこと多く、彼の地の大衆演劇や西洋寄席まで見ていたのに、中国の旧劇に対する評価がこれか。ヨーロッパ文化に造詣深く、しかし短い生涯のうち海外旅行は大正一〇年（一九二一）の中国旅行の一度だけで、その旅行記に「私は支那を愛さない。愛したいにしても愛し得ない」と書いた芥川龍之介（一八九二―一九二七）が、劇場の汚さには辟易しつつ（彼は上海では天蟾舞台というのに行った）、旧劇をしっかり味得していたのと対照し、残念に思う。「脱亜入欧」を感じてしまう。

在留中は同様に幸福な留学生活だったが、上述の人々とやや違って、**今岡十一郎**（一八八八―一九七三）はあまりエリートではない。帰国ののちは外務省嘱託で過ごしたわけだから。つまり、上記2は満たし、1、3の条件には欠けるのだけれど、その2のありさまがおもしろいので、ここで見ておこう。

今岡は、松江近郊乃木村に生まれ、東京外国語学校独逸語科・仏語専修科を卒業後、大正一一年（一九二二）に渡欧し、オーストリア・ハンガリー帝国の一部だったハンガリーのブダペスト大学に学ぶ。その後昭和六年（一九三一）の帰国まで足かけ一〇年ブダペストに暮らし、私設公使といった格好で、この親日国で日本の紹介や講義講演、日本関係の展示会の組織や日本人来訪者の案内などをしていた。新聞雑誌への寄稿は八〇〇回、全国各地での講演は七五〇回を数えたという（徳永：二三〇）。ハンガリーでは日本紹介書“Új Nippon”（「新日本」）（Athenaeum, 1929）という本をハンガリー語で著し、日本に帰ってからは『ハンガリー語四週間』（大学書林、一九六九）・『フィンランド語辞典』（日洪文化協会、一九六三）・『ハンガリー語辞典』（日洪文化協会、一九七三）などを出した。心血注いだ最後の書『ハンガリー語辞典』が完成したのは死の床にあったときで、それを手に取って死んだ。

今岡の名は、今は上記の語学書の著者として残るが、終戦まではツラン民族運動家として知られた。戦争中に設立された日洪文化協会の中心メンバーで、著作翻訳を通じてツラン運動、つまりウラル・アルタイ諸語（ハンガリー語、フィン語、エストニア語などのフィン・ウゴル語族と、テュルク語、モンゴル語、満州語などのアルタイ諸語）を話す諸民族、さらには朝鮮、日本も一つの源に発するものとして、その連帯を説く運動を推し進めていた。汎ツラン主義は、イデオロギーとして汎ゲルマン主義や汎スラブ主義のように政治的に利用される傾向があった。ちなみにハンガリーもフィンランドも日独伊枢軸側である。

ハンガリーに行きついた事情、留学中の生活について、『ハンガリー語辞典』のあとがきにこう書いている。大正三年（一九一四）、ハンガリーの民族学者バラートシ・バログ・ベネデク教授が北海道・樺太におけるアイヌ・ギリヤーク・オロッコなどの研究旅行に来た際、ドイツ語の通訳として同道したが、その年の七月に勃発した第一次大戦で彼は帰国したけれど、大正一〇年（一九二一）再来日し、「こんどはツラン運動をやりたいから協力してくれとのことで、私は彼の講演の通訳や、日本の新聞などへの寄稿のときの翻訳やらで、かれこれ一年ほど彼の仕事に協力した。（…）

翌大正一一年（一九二二）、バラートシ氏の帰国に際し、私は、東大・外大・大原社会問題研究所などの嘱託として渡欧、敗戦後ドイツの経済的混乱、道徳的退廃の実情をまのあたりにして茫然とし、自失の状態にあった。折も折、バラートシ氏の勧めで、とりあえずハンガリーへ行くことになったのだった。

だが、風光明媚の一語につきる、ドナウ河畔の首都ブダペストに着いたときの私といえば、それこそハンガリー（自国語でマヂャル）ということばすら知らなかった。そんなわけで、さいしょのうちは、ドイツ語で用足しをしていたが、新聞雑誌はもちろん、日常生活のすべてがマヂャル語なので、いやでも応でもハンガリー語を身につけざるをえないハメになった」（今岡：九〇七以下）。「しかし、新聞が読めて、大学の講義がわかるようになるのは、前途遼遠の感があった。そこで、どこへ行くにも洪独・独和・和独・独洪の四冊をカバンに入れて離したことがなかった。ある日、ヴィラーグ（Világ・世界）という新聞がこのことを知って、「三冊の辞典と一人の日本人」（Három szótár és egy japán）という見出しでコラム欄に取り上げ、私のハンガリー語学習を諷したことがあった。（…）

こうしてあれこれと学習の道をたどるうち、私は、日本に対するハンガリー人の関心が、並々でないことを知った。だが、日本にかんする彼らの知識は、日本に旅行したヨーロッパ人の記録を元にして彼ら流に解釈されたものであることが分かったので、私は、日本人の物の考え方の基本的なもの、つまり、日本的なものの考え方を直接、彼らに伝えたいという気持ちになり、日本にかんするハンガリー語での講演、新聞雑誌への投稿をはじめた。これらの講演や論文の下書き作製のため、かなりの努力を必要としたので、いつしか、やっとハンガリー語がわかるようになった」（同前：九〇八以下）。

「この国の人たちの親切は直接、私に対するものだけではなかった。たとえば、国会議事堂や博物館などは、通常、日曜祭日には参観を許されないのだが、私が連れてゆく日本の視察者にはいつも心よく見せてくれたのだった」（同前：九一三）。

「私の帰国を伝え知った当時の自由主義新聞ペシュティ・ナプロー（Pesti Napló）論説委員サボー・ラースロー氏は、"Imaoka haza megy"（イマオカは帰国する）という一文をかかげ、『我々はイマオカにより多くを学んだ。日本の古い文化について、また新しいことも。また一千年前の女流作家、紫式部の長編小説「源氏物語」についても聞いた。願わくば、その帰国後は、われわれの敬愛する日本国民に、はるか西方、中央ヨーロッパの景勝の地、ドナウ盆地において文化の高い異民族と、きびしい生存闘争のさ中にも、日本を慕うマジャル民族のいることを伝えて欲しい…』との別辞をもって送ってくれた」（同前：九一四）。

そして、「いっぱんにマヂャル人は親日的と言えるのであって、それはマヂャル人の起源が東方中央アジア方面の民族につながるという、言語的・伝説的・歴史的意識にあると思われるからである。それにしても、私がハンガリー人の間で一〇年ばかり暮らして、いちばん心よく思ったことは、ハンガリーのどこに行っても、私をよそ者として扱わず、常にマヂャル人の遠い親類として敬愛の念をもって遇してくれたことであった。それは大学生活でも、また田舎の学友宅でも、それから初対面の農民たちの間でも、いつも遠来の客として握手を求め、あたたかく遇してくれたのである」（同前：九一二）と書くのだが、"Új Nippon"には「ハンガリー人の質問」という章があって、ハンガリーには珍しい東洋人としていろいろ浴びせられた質問の様子が書きとめられている。

「所帯持ちはこんな質問をしてくる。

―どこに住んでいるか？　住居はいいか？　家賃は？　どこで食事を？　いくらする？　住居や食事に満足しているか？

ユダヤ人と知り合いになると、次のような質問で攻め立てられる。

―誰と知り合いなのか？ 誰が紹介したんだ？

あたかも裁判官のように訊問する。残念ながら名簿を持ち歩いているわけではないので、お望みのような厳密な回答はいたしかねる。けれど「リベラルなハンガリー人」はさらにもっと問いつめる。

―どこから金をもらっているのか？ 誰から？ 現金か、小切手か？

まるで探偵のようだ。何かを見せてやるか、あるいはプレゼントでもしようものなら、ただちに質問が飛ぶ。

―いくらしたんだ？

そしてわれわれの通貨に興味をいだく。

―一円はいくらだ？ 商売が大事だからね！ 売ってくれるか？

―知らないね、日本の金は持っていない。―じゃ、一ドルはいくらだ？― というのも、きっとドルを持ってきたにちがいないと考えるからだ。

―それも知らない。銀行へ行きなさい。あそこならきっとみんな知っている。

―日本にユダヤ人はいるか？

―幸いにしていない。― 何の気なしに正直に答える。

と、握手もせずに、人をうっちゃって立ち去る」（"Új Nippon"：二六二）。

「ハンガリー生まれのドイツ人と偶然出会ったとしよう。ただちにガミガミ言い出す。

―ここで何をしているのか？

―勉強している。

―ここで何が勉強できるのか？

―哲学です。

―ハンガリーの哲学が外国のよりいいと思うかね？

―まずよくもなく悪くもないでしょう。

―貴君どいつ語ヲ解スヤ？

―シカリ。

―何故はんがりーノ言語ヲ学ブヤ？

ハンガリーではハンガリー語はできなくてもいい（というのは彼および彼の家族の話だが）。

四〇年暮らしているが、ハンガリー語はできないけれど問題なく生活している。誰も好んで頭を煩わせはしない。ハンガリー語はとんでもなく難しい。そんなもののために多くの時間を犠牲にする値打ちはない。この言葉ときたら、汽車で二時間も行けば、もう使いものにならんのだから」（同前：二六三）。

「ハンガリーの医師と結婚したあるオーストリアの婦人が言った。

―はんがりー人ハ独自ノ文化ヲ持タズ、概シテ知的トハ言エマセン。彼ラハヒドイ盲目的愛国主義者デス。夜警、馬飼イ…シカシ私ハうぃーん人デス！

―では、なぜハンガリー人のご主人のところに来たのです？

―あら、それは別よ！」（同前）。

「いわゆるツラン運動家はこのように迎える。

―やあ、よく来た、どうだい、ツランの兄弟よ！

―どうも。

―日本にツラン運動はあるかい？

―ある。しかし民族間の憎悪に基づくのではなく、「アジアはアジア人のもの」を標語とする汎アジア運動だ。

—なぜ日本は世界大戦でイギリスの味方をしたんだ？　なぜ我々を助けなかったんだ。

—日本はおよそ三五年前から英国と同盟を結んでおり、国際規範と同盟のよしみを守らねばならなかったからだ。・・・

そしてこのあとお世辞のつもりで、日本人の顔の特徴は少しヨーロッパ人に似てきていると言い出す。ありがとう、だがそんなことはない。とんでもない。それどころか、我々は純粋な日本人種であることを誇りにしているのだと答える。

—ここにユダヤ人の知り合いはいるのか？　日本にユダヤ人はいるか？

—日本にユダヤの臣民はいない。

—おお！　幸せな国だ！　一人も流れ込ませてはいかんぞ！」（同前：二六四以下）。


「このようなあらゆる角度からの含むところのある質問攻めのあと、田舎の生粋のハンガリー人に会うと、外国人は本当に生き返る心地がする。彼らのまず発するのは質問ではない。遠くから来た旅行者ではなく、第一に人間が、客人が重要なのであり、このように迎える。

—ようこそ！　日本の友よ！　ハンガリー語がおできかな？

—ええ。

――立派なものだ！　お上手じゃが、どこで習いなすった？

――ここで。

――いつからハンガリーにいらっしゃる？

――およそ二年前からです。

――けっこうなことじゃ！

心から喜んでいるのが目に見えるし、何をもってても遠来の客人をもてなそうとする。これこそ真のハンガリーの歓待！　そしてさらに尋ねる。

――ハンガリー料理は口に合いますかな？

――ええ。

――お国に小麦はありますかな？　パプリカは？　豚は？　牛は？　ニワトリは？　ぶどう酒は？

――ありますとも。

これらはみな実に素朴な質問だが、まさにそれゆえに親愛なものである。……

田舎にはなお本当のハンガリーのもてなしと本当のハンガリーの心が生きている！」（同前：二六三以下）。

明治期の留学は、言うなれば日本の脅威である国への留学であった。そのような国がつまり先進国であり、その脅威に耐えうる国を作り上げることが急務であったからだ。しかし、このころにはとうてい国家的脅威にはなりえない欧米の小国へも留学するようになっていた。日露戦争後の日本にはそこまでの幅とゆとりができたわけだ。

幸福な留学は、周囲の期待・留学生活の充実・帰国後の活躍の三つを満たすものだと前に述べたが、優秀な参謀であった**八原博通**陸軍大佐（一九〇一―八一）のアメリカ留学は、最初のはともかく、二番目三番目の条件は十分に満たしながら、幸福なものとはならなかった。時期が時期、職務が職務だったからだ。

皆生に生まれ、秀才であったが家が必ずしも裕福でなかったため、米子中学卒業後陸軍士官学校に進み、その後岡山や松江の連隊に配属された。のち陸軍大学に学んで優秀な成績（恩賜の軍刀組だった）で卒業、昭和八年（一九三三）から二年間アメリカに留学することとなり、ボストンへ行く。ノース・カロライナでフォート・ムルトリーの連隊付将校ともなった。陸軍の花形はドイツ留学で、アメリカは傍流だったけれども、彼はこの留学で先の大戦の主敵アメリカを知悉することを得た。近所の人たちを夕食に招くなどして、市民との交際を心がけた。その工業生産力を恐るべきものと認識し、また国民性も理解した。合理的で冷静な思考も身に着けたのだろう。「いちばん注目しなければならないのは、彼等が火力を重視していることだ。砲門の数は大差なくても、射つ砲弾の量が違う。日本の野砲なんか、一日にせいぜい十発ぐらいだろう。ところがアメリカは工業力が日本と段ちがいで、戦時になると軍需生産力がぼう大なものになって行くだろうから、いくらでも射てる。平時のアメリカ軍を見て、戦時の実力を推測しては国を誤ると思うよ」と後輩参謀に説いたとおりだ（稲垣：五六）。また、世論が政治に大きな影響力を持つことも知っていた。それはつまり、将兵の戦死戦傷が山と重なれば、世論が沸き戦意に響くだろうということだ。太平洋戦争の末期に高級参謀として沖縄戦を戦った彼は、戦略持久作戦を立てて米軍の力攻めを苛烈果敢に防御し、出血を強要した。敵司令官を戦死させてもいる。アメリカにとっても大苦戦だったのだ。「アメリカをもっとも苦しめ、それゆえにアメリカからもっとも尊敬された男」硫黄島の指揮官栗林忠道中将（一八九一—一九四五）もアメリカに留学経験があり（一八二八—三〇）、カナダにも駐在武官として行った（一九三一—三三）軍人で、無謀なバンザイ突撃を禁じ、徹底した持久戦で米軍に出血を強いた。「ぼくは米国に五年ほどいたが平和産業が発達していて、戦争ともなれば一本の電報で数時間を要せず軍需産業に切り換えられる仕組みになっているのだ。こんな大切なことを日本の戦争計画者たちは一つも頭においていない。（…）この戦争はどんな慾目で見ても勝ち目は絶対にない。しかし、われわれは力のあるかぎり戦わなくてはならない」と言っていたという（梯：七二）。八原とまったく同じ認識だ。両者とも、敵を知り、己を知っていたのである。そしてまた、彼らをよく知るのも敵である。山本七平によれば、米軍将校や兵士は「沖縄の日本軍の作戦はスマートだった」「あれを徹底的にやられたら参るところだった」と言っていたというし（山本：二八四）、米陸軍戦史『最後の戦い』は「沖縄における日本軍は、まことに優秀な計画と善謀をもって、わが進攻に立ちむかった」と評価している（稲垣：四）。それに対して、日本の軍人は彼をいたずらに瓦全をはかる懦夫だと非難する。戦力差からいずれ玉砕に至るのだとしても、短慮によって急いで無駄な攻撃を行ない潰え、米軍を損耗少なく時間も節約させて次の攻撃目標に差し向けてやることが国のためになるものか、考えればわかりそうなものなのに。

戦後は故郷に帰り、反物の行商で生活した。警察予備隊（自衛隊の前身）ができたとき勧誘されたが、「もう二度と他人に死を強制するような職業にはつきたくない」と断った。市井に隠れた後半生だった。子供には「お父さんはこれでいいんだ」と言っていたという（前田：四〇一）。生き残った者の身の処し方として、感じるものがある。

《ヴァガボンドとして、スパイとして》

日本野鳥の会の主宰者として知られる**中西悟堂**（一八九五―一九八四）は、松江に住んでいたことがある。普門院の住職として一九二二年から二年たらずの間であるが。その前には安来の長楽寺にもいた。

悟堂は金沢生まれであるが、生後すぐ東京に移り、そこで成長した。本名は富嗣、悟堂は法名である。天台宗と曹洞宗の学林で学んだ。義妹の自殺と祖母の死の後、放浪の旅に出て、三朝で天台宗学林のときの友人で安来清水寺の住職をしていた山村光敏と会い、清水寺に滞在。その翌年（一九二〇）乞われて長楽寺の住職となり、檀家総代の会計不正を正す改革を断行した。

もともと歌人・詩人として出発した人で、普門院時代に第一詩集『東京市』を刊行、長編小説「犠牲者」を脱稿した（未発表に終わったが）。

彼はインド留学を希望したが、かなわなかった。詩聖とうたわれるタゴールの三回目の来日時、直接単独会見をして話すことができた。そのとき英語による詩を献呈し、タゴールから彼の学園

「シャンティニケータンにお招きしたい」と言われた。そこで、天台宗の留学生として行こうと考え、「天台宗の学林にその希望を告げてみると、案ずるより何とやらで、それも宜しかろうということなので、雀躍した私は渡印の第一目標をガンジーの許として外務省へ旅券を要求した」。しかし、それは交付されなかった。「おりからインドの不服従同盟は火の手をあげて独立運動化し、ガンジー捕縛の声さえあったおりで、日英同盟の手前、そんな危険人物の許へ行こうとする私に、外務省が旅券を下付する情勢ではなかった。だから私の申請の仕方ははなはだ不覚であったわけで、これで私の夢は断ち切られ、膨らんだシャボン玉の七彩の虹はあえなく空中分解してしまった」(中西a：三〇三以下)。

悟堂が長楽寺の住職をしていたとき、「金子(光晴)は国木田独歩の遺児虎雄を伴って来て滞留した」(旅する：二一七)。「滞在中、金子は国木田の詩のノートをしきりに添削してやっていた。金子自身はペン画をいろいろ描いていた。ところが安来の町から二台の人力車をつらねて寺へくる途中、金子は人力車の上で蛸踊りばかりしていたそうで、一方の国木田のほうは長髪の青年で、五十年前の田舎には凡そなかったことだから村びとたちの目を引いた。やがて檀家惣代の老人から「あげな村じゅうをバカにするもんどもを寺に泊めておかっしゃっては寺の名に障るけん、早う帰してつかあさい」という抗議が出たが、格別悪事を働く手合いではない、二人ともワシの友達だ、遥々東京から訪ねて来たのだから暫く我慢しろ、長くは居らんよ、と言っておいた」（同前：二一九）。

「前に処女詩集『赤土の家』を出した時の本名「保和」は気に入らぬ、光晴としたいという。その頃は僧籍に入れば本山から法名をくれる。それに添えて役場に届ければそれが戸籍上の本名となったもので、私の「悟堂」も法名である。そこで金子に一応俺の弟子になれとすすめ、師僧としての私から延暦寺へ届け、法名は光晴（こうせい）としたい旨の副書を添えて出したところ、間もなく本山から「法名光晴」という鳥の子の用紙の度牒（得度入籍の牒）と数珠一環が届いた。以来彼は大っぴらに光晴を名乗ったが、坊主になどなる筈もなく、光晴だけを物にした」（同前：二二〇）。

詩人**金子光晴**（一八九五—一九七五）は大鹿安和として生まれ、金子に養子に行った。そしてこのように光晴になった。

金子は二度洋行をしている。最初のフランス・ベルギー滞在（一九一九—二〇）は「留学」と言ってもいい。学校に入ったわけではないが、そもそも詩など学校で習うものではない。根付収集家で技師・実業家のルパージュという人と友人になり、庇護を得て、ヨーロッパの風光や生活、フランドル絵画に親しみ、さまざまな詩集を熟読した。

「ルパージュ氏の人柄と、村の環境がすっかり僕の気に入ったので、この滞在の一年半は、僕の生涯にとってもっとも生甲斐ある、もっとも記念すべき期間となった。古ブラバント侯国領の豊かな田園ですごした月日は、僕のその後の人生を決定したといってもいい。このあいだにまなびえたもの以外に、その後何程のものもつけ足しはしなかったろう。朝は読書し、昼は散歩しながら詩を書いたりして、夜は、毎晩のようにルパージュ氏のもとにでかけて行って話をして、夜を更かした」(金子a：九二)。「それよりも重要なのは、氏が、ヨーロッパに対してほとんど無知に等しかった僕の、眼をひらいてくれたことだった。鉄と石の文化の基礎のふかさと、永遠の疲労と、痛風の足と、皮肉に食い込む鉄の足枷、首枷と、諸々の悲劇のうえに築かれた歴史の類ない魅力を、由緒ある街なかのモニュマンや、美術館の古美術によって、ねんごろに僕に説ききかせてくれたのは彼だった」(同前：九三)。

「ルパージュは、土曜日毎に僕を、彼の友人の王室数学顧問という役人のタッセル老人の許につれていった。タッセルは、版画の蒐集家で、書斎の机の両脇の棚に、天井に届く程の版画をもっていた。その解説をしてやることに話がきまって、その代償にモネー王室劇場に、氏のためにとってある桟敷で毎週歌劇を見物できることになった。サンカントゥニェールの東洋美術館長のボンメールとも親しくなり、美術館で買いこんだ日本の書画を鑑定する仕事もやった。ルパージュ家の親戚たちとも知合うようになり、方々の家庭の舞踏会や、晩餐に招かれたり、ピクニックの一行に加わったりした。

一すじな向学心に燃えた、規律的な、清浄なこんな生活が、なによりも僕にぴったりしたものと、ためらいなく考えるようになったじぶんを、過去の懶惰な、シニックなじぶんと比べてみて、信じられない位だったが、それはみな、ルパージュの友情のたまものであった。まなぶことのたのしさは、この時期をすごして、永久に僕のもとへかえってこなかった」(同前：九五以下)。

帰国後その勉強の成果である詩集『こがね蟲』を発表し、詩壇に名を成すのだが、金子光晴が真に金子光晴である本領を示すのは、汚辱まみれの二度目（一九二八―三二）の渡欧である。それは「留学」ではとうていなく、「洋行」という晴れがましげな語で言うのも不適当な、端的に放浪であった。そもそものきっかけが若く美しい妻森三千代を不倫相手から引き離すためであり、当座の金しかなく、絵を売って旅費をつくりながら、上海、シンガポール、マレー・蘭印をさまよい歩き、パリの底辺に暮らしたあげく、ブリュッセルを経て帰国の途につくものの、またマレー放浪をする。

東京美術学校の日本画科に入学したこともあるので（一学期で退学したけれど）、絵心はあったが、「このシンガポールでもたくさん欧洲へゆきかえりの絵かきさんが展覧会をひらいたが、金子さん、あんたぐらい下手な絵を画く人もない。わしは、大いにそれが気に入った」（同前：一六二）などと言われる始末だった。

一人分の船賃ができると、妻を一人先にフランスへ行かせた。そのあと、「僕は白服に中折帽子でスーツケース一つを提げて、ジョホール水道をわたり、邦人ゴムと石原鉄鉱の集散地、河口のバトパハまで、車を走らせた。熱雲のした、白枯れた椰子林家、はてしないゴムの栽培林をつきぬけてバトパハに着くと、川蒸気でセンブロン川を遡った。センブロン三五公司第二園に滞在し、さらに、スリメダンの石原鉱山を訪れ、大小数ヵ所の、川すじのゴム園事務所を泊りあるいた。僕はそこで泊って、もとめに応じて、肖像や、風景を描いて稼ぎながらあるく「旅絵師」というものになっていた。ジャングルと隣接する辺地の宿舎で、虎のうそぶくのをきいた。夜道を、コブラとぶつかったこともあった。さらに、東海岸の三五公司第一園は、瘴癘の地で、白昼も、蚊いぶしの煙幕のなかでなければすごせなかった。野象の群が裏山の樹林をおし甃して通ったあとも見にいった」(同前：一六三)。

「その当時、日本の『毎日新聞』の学芸欄では、日本を去ってから、誰のもとにも一通のハガキすら出さず、消息を断っている僕について、「印度の鄙地で、金子がジャズバンドにはいって太鼓を叩いているのをみたものがある」というゴシップが出た」(同前：一六六)そうである。

ようやくパリに着く。

「多くの日本人は、パリへ文学の修行に来ているのに、僕は、パリに着くなり、それまで一片の情熱として胸の底に燃えていた、書かない詩まですすてはててしまった。

僕は、無一物ということで、パリの街のなかで、真空にいるような苦しみ、内臓の涸渇してゆくいたさをおぼえ、じりじりと迫ってくる飢餓におののいた」(同前：一六六)。

「パリは、悪天候だ。一年のうち半分は冬で、暖房設備のない部屋では、ベッドにもぐり込んでからだをちぢめているよりしかたがない。寒気と栄養不良で、貧しい外国人はよく、胸をいためる。胸疾者は、施療病院に送られるが、病院へ行ったもので、棺にはいらずにふたたび門を出たものはないと言われている。そんな土地では、猶更、僕らは、身をいとわねばならない」(同前：

一六七)。身寄りなく死ねば、「フランス政府の手で浮浪人として処分され、どこかの投込み墓地にほうり込まれ、犬の死骸や、猫の捨子といっしょに、支那まんじゅうの黒あんのように混沌とならされてしまうのが落だ。あの頃のパリは、東京よりも空気がわるかった。日本の留学生のなかでも、胸が悪くなる人が多く、二人、三人、僕の眼の前でもばたばたと死んでいった」(金子b:九七)。「東洋ではともかく、西洋での身の詰まりかたは、さすがに個人主義国だけに凄まじいものがあった。破産者は遠慮なく自殺した。敗者が生残れる公算がないからである」(同前:一三二)。「パリの食いつめもの達が、類は友をよんで、僕のまわりにあつまってきた。だが、その二年間に、僕は、めっきり痩せた。無一物の日本人がパリでできるかぎりのことは、なんでもやってみた。しないことは、男娼ぐらいなものだ。博士論文の下書から、額ぶち造り、旅客の荷箱つくり、トーシャ版刷りの秘密出版、借金のことわりのうけ負い、日本人名簿録の手つだい、画家の提灯持ち記事、行商、計画だけで遂に実現にいたらなかったのは、日本式の一膳めし、丼屋、入選画家のアルバム等々だった」(金子a:一六七以下)。

　パリにはそのころ三百人ほどの日本人画学生がいた。「パリは、針小棒大で、小心な人間達が神経衰弱気味で、万事大仰にことを言いふらすところで、うっかりするとひどい宣伝をされて、迷惑をこうむることが多い」。「パリでは、栄養をとらなければ斃れるという前車の轍を目撃しているので、少々な不義理な借金をしても充分、食べる費用だけは、なんとしても確保しようとした。そのため、えげつない人間に見られて、それがまた不評判の種になるというわけだった」(同前：一六九)。「パリでは僕の名を、物騒な人間の代名詞にしてしまった」(同前：一六八)。

「モンパルナスあたりの安ホテルを、あちらこちらとうつり廻った。労働者の住みついている裏町のホテルは、どの部屋も小便臭く、部屋の漆喰壁には、南京虫を指でつぶした血のあとが縦横についていた。住んでいる人間も、へんなにおいを発散し、野菜物を小わきに挟んで、がらがら木靴をひきずりながら階段をあがったり、おりたりしていた。素裸のうえに雨合羽をひっかけた女工などもいた。イタリー人の労働者や、なかには、黒人、気のぬけたような安南の学生、えたいのしれない混血児もいた」(同前：一六九以下)。そんなところが彼の生活環境だった。

藤田嗣治は「フランス気質がたっぷりと滲みこんだ日本人」であるが、彼によると「パリでがっちり生きてゆくには、あくまで日本人であることであり、フランスかぶれの日本人などフランス人には何の興味もない」(金子b：一〇七)とのことである。日本人が日本かぶれの外国人を好むのと比べ、非常にためになる見解だ。

『ねむれ巴里』（一九七三）は四〇年もあとになって晩年に書かれた滞在記であるから、記憶違いもあればその後ふつふつと発酵した想念も交じり、実情そのままではなく「作品」化されている。パリで金子と交友があった永瀬義郎が、「金子夫妻は尾羽打ち枯らして、人前にも出られない様に言っているが、どうしてどうして、金子夫妻は、貧乏貴族と言うことばの通りで、（…）金こそ無いが堂々と胸を張って歩いたのである」（旅する：一九二）と書いているように。この人はまた、金子が「あぶな絵」の名人で、それを売っていたことも伝える。

それでもなお、この「作品」はおもしろい。たとえば、

「僕の少年のころは、洋行といえば、同盟国の英京ロンドン、学術の都ベルリン、それからアメリカ諸方の都市で、フランスのパリを志すものは少かったものだ。その頃は、まだ日露戦争のほとぼりがほかほかしている時分で敵国ロシアの同盟国というので、子供ごころにも、フランスをばかにしていたほどで、人気のないフランスへ洋行するものは、腰ぬけか助平ときめこまれていた。フランスなどを志望するのは、軟文学者の、特に破廉恥な、口にすべきでないようなことを恬然として筆にして、したり顔の所謂自然主義小説家などには、なるほどふさわしいことだと思われたものである」（金子b：七）。「あのP音の多い、人を茶にしたとぼけたフランス語を使いながら、あけく

れ女の尻から眼をはなさない男たちや、男の眼でくすぐられている自覚なしではいられない女たちが、ふわりふわりとただよっているこのフランスの都は、立止って考えるといらいらする町だ。頭を冷やしてながめれば、この土地は、どっちをむいても、むごい計算ずくめなのだ。リベルテも、エガリテも、みんなくわせもので、日々に、月々に、世界のおのぼりさんをあつめる新しい手品に捺す古スタンプのようなものだ。騙されているのは、フランス人じしんもおなしことで、騙している張本は、トゥル・エッフェルや、シャンゼリゼや、サクレ・キュールや、セーヌ河で、そんな二束三文な玩具を、観光客は、目から心にしまって、じぶんもいっしょの世界に生きている一人だったと安心するのである」(同前：七〇)。「花のパリは、腐臭芬々とした性器の累積を肥料として咲いている、紅霞のなかの徒花にすぎない」(同前：七九)。

一方で、フォンテンブローの森を歩いた時のように、美点も的確に捉えている。

「森のなかに、木を切倒す斧の音が丁々ときこえ、その音があっちこっちに反響した。冬の森が語る冷厳な相貌が、フランス人のなかに一本通って、それがフランス人の知性となってゆるがないのではないかという実感を、手から手に渡されたような気がして僕は、この森でいくばくかの日を過したことが、無駄ではなかったとおもった」(同前：六七)。

妻の**森三千代**（一九〇一―七七）は、金子にひっかかって東京女子高等師範を中退するまでは首席の才媛で、この滞在を「留学」たらしめんとする意欲はあったようだ。アリアンス・フランセーズでフランス語を勉強したり、社交ダンスを習ったりしていた。メイエルホリドの劇のパリ公演を見にも行った。イタリア貴族の彫刻家のモデルをしたり、自作の詩をフランス語にして詩集を出したりと、女性のほうが積極的でもあり、仕事の可能性もあったらしい。パリでは金子は金策のため人にいろいろ迷惑をかけていて評判が悪く、せっかく職探しをして見つけても、亭主が金子だと知れると断られることがたびたびで、籍を抜くことにした。最後はアントワープの商会で事務員をし、金子が一足先に出発したあとで帰国の途に就いた。金子はシンガポールまでの切符しか買っていなかったので、そこでまた会うが、彼女はそのまま帰り、彼はマレー放浪をなおしばらく続けたのち、やっと帰国した。おもしろい夫婦である。

とにかく、この金子光晴の二度目のヨーロッパ滞在は、制度化し鋳型にはまった官費留学の徹底的なアンチテーゼである。

悟堂が普門院にいたときには、**梅田良忠**（一九〇〇―六一）がやってきた。

「梅田は曹洞宗学林時代の親友で、三軒茶屋の同居生活の仲間ではなかったが、ひとり別個の宇宙を持っていた心底からのコスモポリタンであって、ヨーロッパへ音楽の修行に行くということで、私の許へ別れの挨拶に来たのは、私が松江市の普門院の住職をしていたときで、彼はすでにヴァイオリンでバッハなどをかなりこなしていた。一流の場所で音楽を身につけるまでは十年でも二十年でもヨーロッパにとどまるというので、私は彼の壮途を横浜埠頭まで送った。その後二十三年間もあちらにいる間、ドイツの侵入やソ連の攻略でワルシャワを逃れ、ブルガリアのソフィーヤ、ルーマニア、イスタンブールなどを転々としているうちに、音楽への共感を通じてブルガリアの外務大臣と親友になり、その人からじかに聞く第二次欧州大戦の情報を朝日新聞社へ送るのが、他の大新聞の特派員より一週間も早いところから、朝日新聞社に乞われてその特派員ともなった」(中西b:一三一以下)。

彼は一九二二年六月、曹洞宗宗務庁よりドイツ留学の資を得て渡欧するが、その船中でポーランド人の親友ができた。スタニスワフ・ミホフスキといい、建国された再生ポーランドへ渡るために上海から乗ってきた。招かれて、夏休みにポーランドへ行き、そのままそこにいつづけることになったという。はじめドイツを目指し、すぐに留学先を東欧に変えるところは今岡十一郎と同じだ。ポーランド愛とハンガリー愛の好一対かもしれない。

ポーランド入国の際の光景はよほど印象的だったらしい。

「第一次大戦が終った頃ポーランド人は、かれらが中世的クリスト教的信仰の象徴として敬愛した祖国を再建するために、最もすぐれた学術の成果や最新の技術を身につけて世界各地より帰ってきたものであった。筆者はあたかもその時代にベルリンよりかれらを乗せた列車に同乗し、国境駅ズボンシンを越えて復興ポーランドに足を入れたのであった。この駅で列車を換えるのであるが、帰国の群のうちには、ポーランドの地にひざまずいて ― あたかもサン＝ペテロ大聖堂の内で今日もみうけるように ― 大地をいだき、これに接吻する者すらいたのである」（梅田c：二以下）。

その年10月にワルシャワ大学哲学科に入学し、「ジェリンスキイ博士の下で希臘ラテン哲学を学び居り候」と日本に書き送っている（梅原：四一）。しかし一九二三年九月、関東大震災のため留学資金が途絶する。「長い間彼は全くみすぼらしい「下宿」に住み、「パンと水で」のはなはだしく貧しい生活を送られた」とヤジジェフスキ教授が追悼文に書いているのはこの時期のことであろう。だが、「かなり後になって、この窮乏生活から脱出され、ポーランド語を完全に自分のものとされ、終にヴァルシャヴァ大学における日本語の講師の地位を得られた。これと同時に、ヴァルシャヴァにある日本大使館においても、何らかの仕事をなされたようである」。「彼はごく容易く学生徒の間へ、またヴァルシャヴァにいたボヘミアの文学者達の間へ（K・J・ガウチニスキ、J・リベルト、その他多くのポーランド・ロシアの文学者達）出掛けて行った。梅田教授はミラヌベク行き（文学シンポジウムの開催された時）を始めとして、シヴィェントクル山脈への登山や、ポーランド領内のあらゆる地方へ、休暇を利用して、あるいはヴァルシャヴァの同僚の家族と共に旅行された」（関西学院史学：三六）。「既に彼がポーランドへその第一歩を踏み入れた一九二二／四年には、多くの作詩をしていられる」（同前：三八）。

大学卒業（一九二五）後は、ワルシャワ大学、またワルシャワ東洋学院で日本語日本文学を教えるかたわら、日本大使館の嘱託となる。「クアドリガ」（四頭立て馬車）という詩人や画家、音楽家のグループとも親交があった。こうした人々と下宿をともにしていたこともあった。「ある女流文学者は早朝、バイオリンを手にした梅田が和服姿で森に出かけ、曲を奏でているところに通りかかり、思わずハミングで追唱した」（梅原：四八以下）。ある女性画家は袈裟を着た梅田の肖像画を描いている。

中西悟堂は「ユピテル」と題する三部二十七幕の詩劇を書いていた。「私は後年、添削に添削を重ねて、ポーランドのワルシャワはヴィスワ川のほとり、ショパンなどの芸術家の代々のパトロンであった伯爵家ワルワーラ・ヴォージンスカヤ夫人の許に厄介になっている親友、梅田良忠の許へ右のうちの第一部と、第二部の第四幕までの草稿を送ったところ、それが梅田とヴォージンスカヤ夫人との共訳によって、されに構想を加えられ、原作者日本人中西悟堂の名でワルシャワのショパン座において公演された。その舞台を見た北極海捕鯨船団の人が自分の肖像写真を封入した書簡をよこしたのには、当の私が驚いた」（中西b：一三一）。

一九三〇年以来いくつもポーランド語でポーランド古代・中世史の論文を書いている。「彼は多くのビザンツ学者とも親交を結ばれた。例えばハンガリアのモラフチック教授、ユーゴスラヴィアのオストロゴルスキ教授、ブルガリアのフィロフ教授、そして数人のルーマニアの学者達」（関西学院史学：三七。このうちブルガリアのフィロフ教授は戦争中の一九四〇年から四三年まで首相となり、外相を兼ねた）。

ワルシャワで学問に芸術に充実した生活を送っていたことがわかる。恋人もいて、ドイツ系ポーランド女性との間に娘が生まれていた。梅田はそれを知らなかったが、後年その娘が死病で闘病中の梅田を訪ねてきたそうだ（梅原：二三四）。そのようなことも「充実」の一例ではあろう。元恋人がやってきた鴎外の件を思い出してもいい。

だが、その生活は第二次世界大戦の勃発によって一転する。一九三九年、ドイツのポーランド侵攻によりブルガリアに移り、そこでも公使館嘱託として働き、一九四二年には朝日新聞の在ソフィア嘱託となる。

戦時のことをこう書いている。「ポーランドの首都ワルシャワがナチスの軍隊によって砲撃され、空襲されたとき、多くの友の家々を危険を冒してたずねまわったものであったが、友の母たちは地下室にあってロザリオを手に心を神にゆだねていた。さらに四年の間、ブルガリアのソフィアに暮したのだが、この都が英米軍に空襲され、一トン爆弾が高層建築を破壊するとき、筆者は同じ建造物の地下に避難していた。命中する爆弾は地下までは貫かなかったが、その地下室で、ブルガリア人たちはゆらぐ床にひざまずき、ギリシア正教の神に祈りをささげていたのであった。筆者はそのとき、東欧文化の地金ともいえる強い中世的な輝きに触れることができたのである。そしてその輝きこそ、東欧中世が一〇〇〇年にわたって鍛えてきたものであったと感じたのである」（梅田b：八四）。

一九四四年十一月にクーデターによって親ソ政権のできたブルガリアを去って公使館の一行とと

もにイスタンブールへ脱出し、一九四五年三月、モスクワ、シベリア経由で帰国した。

この戦火に追いまわされた流浪の間に失われた資料について、いかにも学者らしい嘆きを漏らしている。「ドイツ軍がポーランドに進駐したとき、多年苦心して蒐集した西スラヴ史に関する史料や図書が、ドイツ軍の砲火によって瞬時にして失われた」(梅田a：はしがき)。「いまもなお痛惜にたえないのは、ソフィアの数年間に集めた必要な文献すら、引揚げの際、満州里で鉄道便に托したまゝ、ソ連軍の南下と戦禍のため、内地には遂に届かなかったことであった。難を免れたのは、小型のトランクに入れて携えた数冊の書籍とノート位であった」(同前)。芸術が一方の柱であっても、学問研究が彼のよる大きな柱であったことは間違いない。

悟堂は戦争末期福生に住んでいた。「そこへ、ひょっくりやってきたのが、ぼくの漂泊心などに数十倍した事実でのコスモポリタンの梅田良忠であった。滞欧二十余年、ドイツがポーランドに攻めこんでワルソーを陥れた際、砲弾をくぐり、身を以てベルリンへ脱出、以後ブルガリアのソフィヤで音楽修行をやっていたのだが(引用者註：前の引用文もそうだが、これも誤り。彼は梅田を音楽家だと思い込んでいたようだ)、欧洲の情勢が極度に危険となったので、辛うじてトルコ、ソ聯を経由、つい一週前、帰朝したのだという。久方ぶりで逢った彼は、身長低く、ずんぐりと円く、じゃんぎり頭に、間歇性跛行症とかで片足をわるくして、モゾモゾと動いている恰好が、まるで小熊みたいだが、眼鏡の奥の眼が、日本人には珍しく限りなく優しいのである。その彼も、ぼくについてどこへでも行くという。彼は一足遅れて山形へ来たが、外国がえりの風来坊で移動証明の出どころがなく、やむなく新たに国籍登録をしてもらったという、まるで天の一方から落下したあんばいなのも彼らしかった」（中西c：一八九以下）。このようにして、ともに山形の田舎に疎開した。

「梅田がヨーロッパから帰国の途上、モスコーで友人に勧められ、メトロポールのそばの映画館で「ウィッスラ川よりオーデル川へ」というニュース映画を見、戦禍に壊えたワルソーの、大統領の官舎だった古城や、カテドラルや、マリヤ寺や、ショパンの心臓を祭ってある聖十字寺の廃墟を見せられて男泣きしたという放浪者らしい話がひどく僕を打つ一方では、六十輛連結の貨車が十五分置きに極東へ武器を輸送している話は僕を慄然とさせた」（同前：二〇〇）。「僕は何気なく就眠後の梅田の寝顔にじっと見入って、何という寂しい顔をしている男だろうと思った」（同前：二〇七）。このころが失意の極だったのだろう。

その後一九四六年千葉県長生郡大泉寺の住職となり、四八年樋口久代と結婚、翌年長男芳穂が誕生。一九五一年角田文衛に招かれ大阪市立大学の講師となり、五五年に関西学院大学教授となる。角田とともに学術誌『古代学』を創刊。『ヴォルガ・ブルガール史の研究』で学位を得た。持ち帰ったバイオリンはいつの間にか本代に化けた。一九六一年、腫瘍のため没するが、死の床でカトリックの洗礼を受けた。洗礼名は親友の名と同じスタニスワフ。

梅田良忠は「スパイ」と見なされていた。

一九四四年夏、ソフィアに日本陸軍の駐在武官秘書として着任した吉川光は、その回想記の中でこう書いている。

「そのころ、ソフィアに「梅田」と名乗るただ一人の日本人がいた。日本の龍谷（実際は駒沢）大学卒業の僧侶で、自費留学中戦争で送金が不能となり、朝日新聞の通信員であると自称していた正体不明の怪物で、日本公使館筋は反間諜者の疑いありと敬遠し、日本軍部からも要注意人物として接触せぬようにと注意があった。しかし私にはいか物食いの性癖も手伝い、また放浪の日本人として興味と同情もあって彼と内密に交際し、若干の物質的援助もおしまなかった。

十月のある夕方、彼からの電話呼び出しで講演の一隅で密接した時のことである。彼は突然私の耳許に口を寄せてささやいた。「ドイツ降伏後三ヶ月以内にソ連は対日参戦する」と。その情報入手経路は休暇で帰省した駐米フィンランド公使館二等書記官ラムステットから聞いたとのことである。（…）／この情報は実は、そのころ日本参謀本部が目の色を変えて捜し求めていたテヘラン会議の内容であった。（…）／これは天下の一大事だとばかり急いで武官を叩き起こして報告したところ、大変なお冠で、なぜ梅田とあったのか、酒飲み女たらしのラムステットの話は疑情法《ママ》だと頑張って取りつくてだてもなかったが、翌朝ようやく了解を取りつけて確度丙で日本へ打電した。しかし日本からは何の反応もなかった」（梅原：一五以下）。

梅原季哉氏の調査によると、梅田はアメリカＣＩＡの前身ＯＳＳ（戦略事務局）やブルガリア公安当局からスパイと見なされていて、公安当局は彼を監視下に置いていた。彼についての報告ファイルが両所に残っている。一方で彼は日本公使館からも疑われていて、一九四三年五月、公使館の勤務を離れることがブルガリア政府あてに通知されている（梅原：八八）。

調査や情報収集をする者は「スパイ」と目されやすく、それを公辺に提供していたらまずスパイとされる。河口慧海もスパイと見られていたように。スパイの目には怪しげな者はみなスパイに見えるのだろう。彼がどの程度まで真に「スパイ」であったかはわからない。テヘラン会議の件のように情報を収集していたのは確かだけれど、それをどこに提供していたのか。日本政府ではなく、軍部でもない。公使館からは怪しまれ放逐されているし、軍部とも関係がないからこそ、あのような個人的な方法で重要情報を伝えようとしたのだから。朝日新聞へは送っていただろうが、それをしもスパイと言うなら、新聞社の通信員はみな「スパイ」だ。しかも、朝日は一九四四年四月以来彼に送金しておらず、九月六日に公使が「朝日梅田特派員生活資金送金斡旋ノ件」として、「生活ニモ支障ヲ生ズル程ニテ、誠ニ気ノ毒ト感ゼラルルニ付」、朝日本社に措置を講ずるよう伝達してほしいと公電を打っている（梅原：二一九）。報酬のないところに「スパイ」はない。情報を集めるだけなら研究者や新聞記者はみなやっている。だが、彼らはふつう「スパイ」とは呼ばれない。情報提供によって特別な報酬を得てこそスパイである。

テヘラン会議についてささやいた一件は、たしかに彼の「スパイ」らしい行動を示している。その情報源はどこか。のちに家族には「『プロメテウス同盟』の関係者から聞いた」と言っていたそうだ（梅原：一七七）。「プロメテウス同盟」はポーランドの反共・反ロシア組織である。彼は亡命ポーランド人と親しく交わっていた。ヤドビガ・クルロバという「ブロンドで、すれ違った人が振り返るほどの美人」（梅原：一三六）がウメダの秘書としていっしょに暮らしていたという。

ブルガリア公安当局の資料には、「ウメダはドイツ嫌いの傾向がある」（梅原：一二〇）。また、

「同盟国の通信員として、ウメダは情報局からさまざまな断片情報などを提供されることが多いが、その情報がウメダからフランス、トルコ、クロアチア、スペインやその他諸国の公使館にもしばしばもたらされていることは注目に値する。我々が集めた情報によれば、彼はザグレブのVMRO（内部マケドニア革命組織）とも関係を維持しているものと判断できる。我々の情報によれば、ドイツ情報機関はクルロバが英国の工作員ではないかと疑っている」（梅原：一二四以下）と報告しているが、これが正鵠を得ているように思う。反ドイツ・親ポーランドの活動として一貫しているようで、同盟国ドイツに対して反対的であれば、日本の当局からも当然疑われる。

ブルガリアの公安は、梅田は「読書と研究のしすぎのせいで、少し変人になった教授」（梅原：一〇七）と見られているけれども、それは見せかけだ、としているが、実際そうだったのではないか。縁切りした公使館にさえ憐れまれるほど手元不如意な様子から見て、情報提供に対し金銭的報酬はあったのかどうか、あってもどの程度だったのか、疑わしい。それが「スパイ」だろうか。「愛国者」であっただけではないか。その愛の対象には、ポーランドもあった。

遺骨はワルシャワに運ばれ、そこに墓がある。妻久代は梅田の死後ポーランド文学者の工藤幸雄と再婚した。息子芳穂は中学生のときからポーランドに留学し、自主管理労組「連帯」の幹部となった。

ポーランドを愛しすぎた男だったのだろう。ヤジジェフスキ教授への書簡に、「私は日本人でありながら、ポーランド人であると感じます」（一九五五年一月二十五日。関西学院史学：三九）。「世界中の民族のうちで、その父祖の地を熱愛した民族としてポーランド人以上のものはないと信じます。（…）真実をもって我々の心をあなた方にさし上げます。あなた方の民族に捧げます。何故ならあなた方やポーランドを誰よりも強く愛するからです」（一九五七年四月二十日。同）とあるのを見るならば。

《留学しなかった人たち》

留学するのはエリートだけではない。選良留学のほかには、まず技術留学がある。文久年間西周らとオランダへ行った職人たちに始まるから、これも伝統ある留学だ。語学習得を目的とするものもここに入る。エリートと真逆の「落第留学」というのも存在する。自国では進学できない者が外国の学校に入るもの。それとは別に、「はみ出し留学」もある。自国の制度に収まりきらない者がする留学。熊楠のなどはここに属するだろう。どら息子連の「遊興留学」ももちろんある。それから、ほとぼりを冷ますための「噂七六日留学」。大杉栄殺しの憲兵大尉甘粕正彦のフランス滞在がこれに近いが、ただあれは留学とは言えない。

留学した人々の一方で、留学しなかった人もいる。もちろんいる。した人なんて一握りで、しなかった人のほうが圧倒的に多いのは当たり前だが、留学して当然なほど優秀でありながらしなかった人のことは、見ておく必要がある。たとえば**坪内逍遥**（一八五九―一九三五）。英国でこそ学ぶべき英文学専攻で、それのみならずわが国近代文学や近代演劇の開拓者であり、シェイクスピアの全訳を成し遂げた人なのに、留学していない。

留学も、私費なら好きなようにすればいいし、実際好きなようにしているが、公費となると、選び選ばれる関係だから、優先される専門があり、理工、医、軍、法政あたりであれば、有為の秀才青年ならまず行ける。教（仏教・耶蘇教）というのもパトロンがいるのでけっこう行っている。しかし文は後回し、お鉢が回ってくるのはいつも最後、ということだ。また、官学か私学かによっても事情は大いに違う。私学ではなかなかむずかしい。逍遥のように、東京大学を卒業しながら、政変で下野した大隈の設立した「反謀学校」早稲田に勤めていては、とうてい無理である。時代という要因もある。留学適齢期が戦争や敗戦に当たってしまうと、この人が、という人が留学していないことがある。すればいいというものではないけれど、留学が「選ばれし秀才」の印象をおびている以上、意外なことではある。

中国人の日本留学も実用偏重で、留学生の「十中九までは法律政治を学び、その次が理科工科で、文学に対してはみな頭から軽視してかかっていた」（『魯迅について その二』）と周作人（一八八五―一九六七）が言っているとおりだ。で、当人は日本で英文学を学んでいたりする。けれど、日本人は理工系重視の派遣なのに対し、中国人は法政科、つまり立身出世学科重視なのは特徴が出ていておもしろい。

逍遥のシェイクスピア劇に対し、漱石が「博士はたゞ忠実なる沙翁の翻訳者として任ずる代りに、公演を断念するか、又は公演を遂行するために、不忠実なる沙翁の翻案者となるか、二つのうち一つを選ぶべきであつた」（『坪内博士と『ハムレット』』）と批評しているのは、当たっているだけに気の毒な感じがする。「自己の意志をもってすれば、余は生涯英国の地に一歩もわが足を踏み入ることなかるべし」と言い切るほどの漱石であるが、ここにはイギリスに行った者と行かなかった者の差が厳然とあるわけだ。『小説神髄』を書いて新時代を開きはしたが、結局のところ戯作や歌舞伎で自己形成をした人であり、それ以上に新しくなることができず、漱石や没理想論争の相手の鴎外のように留学をした人に追い越されることになった。
逍遥の甥で養子の**坪内士行**（一八八七―一九八六）はアメリカへ、一番の弟子であった島村抱月はイギリス・ドイツへ、ともに留学している。彼の次の世代は文学芸術なんぞの勉強でも留学できたわけだ。抱月の場合、留学から帰ったあとは母校の文科を背負って立つべき期待を持たれていたのだけれど、結局松井須磨子との恋愛事件で早稲田を去ることになってしまった。士行も女性問題で養子関係を解消されている。このあたりも新時代なのだろう。逍遥自身は夫婦仲がよかったそうだ（妻は元娼妓だが）。

時代のために留学できなかった人も、真に優れた人であれば、必ずそれに代わる道を見つけるし、見つかる。
世界的な宗教哲学者でイスラム学者の**井筒俊彦**（一九一四―九三）がアラビア語を独習していて、いい教師を求めていたときに、亡命タタール人のアブドゥルラシード・イブラヒムというパン・イスラミズム運動の領袖が上野にいると聞き、頼み込んで教えてもらった。すぐに気に入られ、「わが子よ」と言われるくらいに可愛がられたという。そのあと、一所不住の大学者で、来日して押入れの上段に寝起きしていたというムーサー・ジャールッラーハに続けて教わった。『コーラン』でも『ハディース』でも、イスラムの学問の本は何でも暗記しているという人で、頭の中に入れている『シーバワイヒの書』というアラビア文法学の本を講じてもらった（司馬b：一一以下）。ことアラビア語やイスラム学のような日本からはるかに縁遠い専門でも、道はあった。時の利もあったと言えるかもしれない。大川周明が東亜経済調査局でイスラム研究を始めていたときで、そこに勤めることができたからだ。それは満蒙進出の国策の一環であり、そのことは外国への道を狭めるものであったが、物事は決して一面的ではない。熱意と才能のあるところに、道は開かずにいない。

松江生まれのインド哲学・仏教学の大家**中村元**（一九一二―九九）も、留学はしていないが、戦後スタンフォード大学、ハーバード大学などで客員教授をした。井筒俊彦もロックフェラー財団のフェローとなって海外へ赴き、マギル大学（カナダ）、イラン王立哲学アカデミーなどで客員教授をし、ユングらのエラノス会議のメンバーともなった。留学できなかったのは時代の壁によるものだろうが、逆にそれが証するのは、彼らのような専門でも留学することなく国内で世界第一流の業績をあげうるほど学問ができる環境が整っていたことで、かつ、戦争という障壁が除かれ、交通が発達して外国が近くなった時代には、彼らのほうが外国へ教えに行くのである。あの愚かな戦争は、留学をはばむ一方で、はからずもこんなことを証明した。明治日本の設計者たちは喜んでいい。

《制度の堕落》

だが、公費留学はやがて堕落する。すべてのシステムが堕落するように。

「たいていの大学では、講師になって三年経っていれば誰でも外遊させてくれる。半年、一年、二年と、期間はさまざまだが、それに応じて大学が金を出してくれる。一応は帰国後、研究成果についてのレポートを提出しなければならないが、これは原稿用紙最低一枚でよく、内容もなんでもよい。つまり事実上は観光といってもよい外遊なのだ」（筒井：八）。

「外遊」するならまだいいが、留学に派遣されながらその期間中ずっと家に隠れていて、留学費だけもらっていた教師などもいたそうだ。筒井康隆の小説『文学部唯野教授』はだいたい実話を元にしている。もちろん戯画化されているが、恐ろしいのは、あれが大した誇張でないということだ。

《留学先としての日本》

逆に、日本が留学の対象となることにもなった。国をあげ官民をあげて西洋知識や技術を熱心に取り入れた日本は、明治二七—二八年の日清戦争（一八九四—九五）の頃までには旧文明国中国をしのぎ、アジアに抜きん出る国になっていた。戦争の帰結がそれを示した。同じ漢字国である日本は、「洋務」に遅れた中国にとって、格好の留学先になった。距離も近く（上海からなら北京より九州のほうが近い）、物価も西洋諸国より断然安く、人種も同じだ。何より同じ文明圏で、漢字を使っている。

明治の日本公用語は漢文訓読体である。戊戌新政が潰えて日本に亡命する船上、梁啓超はそのころ人気の小説『佳人之奇遇』を勧められ、おもしろいので読むそばから訳したというエピソードがあるが、たしかに、そのころまったく日本語を知らなかった彼でも訳せる。あれは正調漢文訓読体であるから、要するに復文（書き下し文「朋有り遠方より来たる」を原文「有朋自遠方来」にもどす作業）すれば、ただちに漢文になるのである。

明治の二〇年代までは文化的には江戸時代の延長で、実は漢学が非常に栄えた時代であった。学問をする青年は必ず漢学を修め、何か感じれば漢詩を作るのが常だった。町の至るところに漢学塾があった。洋学者も漢学の素養が深かったので、西洋文献を翻訳するにあたって漢字によって新概念を吸収咀嚼した。哲学だの物理だの、無数の新漢語・和製漢語が現われた。そして、それらは留学生によって中国に逆輸入された。清国留学生たちはさかんに翻訳活動を行なっていたのである。一九〇〇年に訳書彙編社ができ、教科書訳輯社、湖南編訳社、会文学社などが翻訳出版をし、雑誌も多数発行され、それらは国内の留学生に読まれるだけでなく、本国にもしきりに送られた。英書・仏書・独書の翻訳もあるが、もちろん日本語訳からの重訳である（さねとう：四三二）。Economyを「経済」（「∧経世済民」）とするのはよろしくないなどの意見もあったが、結局「経済」で定着してしまった。「情報」が「信息」、「協力」が「合作」などのように別語を使う例もあり、「紹介」と「介紹」のような逆転語もあるが、初め中国で「天演」と訳したevolutionが、今は日本訳の「進化」になったという例もある。「中華人民共和国憲法」のうち、「中華」以外はすべて和製漢語である（「共和」のように語彙自体は昔からあるが、翻訳語としての新しい意味が付与されたものを含め）。「取消」「手続」「場合」のような本来和語であったものも中国語の語彙に入った。現在の中国語の社会科学語彙の六、七割、高級語彙の半分以上は日本でできた新漢語だという。もって日本留学の果たした役割を知るべきである。

日清戦争後の明治二九年（一八九六）、清国は初めて日本に留学生を送ってきた。その後留学生の数は増えつづけ、日露戦争後の明治三八・三九年（一九〇五・〇六）にピークに達した。その数八六〇〇名以上、一万とも二万ともいう。柔道の創始者で、当時高等師範学校校長でもあった嘉納治五郎に、最初の留学生の教育が任された。嘉納はのちに清国留学生のために弘文学院を作った。ほかに短期間だが日華学堂というのを高楠順次郎が開いている。彼らはヨーロッパ留学経験者であった。

日本への留学生で最も有名なのは**魯迅**（一八八一―一九三六）だが、そのほかにも、のちの中華民国主席**蔣介石**（一八八七―一九七五、一九〇七年東京振武学校に留学、のちに高田連隊勤務）、中華人民共和国総理**周恩来**（一八九八―一九七六）、文学革命の唱道者で共産党創立者**陳独秀**（一八八〇―一九四二）、文学者**郭沫若**（一八九二―一九七八）など、枚挙にいとまがない。

体制側で出世した人もいるが、革命に身を投じた留学生も多く出た。中国人日本留学史を調査した実藤恵秀は、そのあたりのことをこう表現している。

「日清戦争がおわってから、明治のすえにいたるまで、中国は日本とひとつになっていた。このあいだが、明治以来、いままでで、いちばん中国が日本にしたしんだ時代であり、日本をちからにした時代である。

中国でうたれる革命劇の楽屋は日本であり、その筋書は、日中合作であり、これに登場する役者は留日学生であり、中国の亡命者であり、日本志士であった。中国の志士は、中国で失敗すると、すぐに東支那海をわたって、日本の楽屋に亡命した」（さねとう：一一）。

ある留学生は、中国の同胞に日本留学を呼びかけて、「異郷にきたという感じはあるが、異国にきたという感じはない」と言っている（同前：一三一）。また、大正八年（一九一九）五月四日北京で起きた学生たちの五四運動は、その三日後の五月七日に東京の留学生に波及している。つまり、学生において中日は一体だったのだ。

女性も留学した。辛亥革命前の紹興で起義に失敗して刑死した革命烈女**秋瑾**（一八七五―一九〇七）は、青山実践女学校に留学しているが、留学中湖南の女学生に「まず日本へ来れ！」と呼びかけている。「男子のとりしまりから脱するためには、自立せねばなりませぬ、自立するには学芸を求め、協力しなければなりませぬ。日本の女学は日に日に盛大となり、みなみな一芸を執って生活を謀り、上は父母を扶助し、下は夫をたすけ子を教え、男女坐食の人を無くそうとしている。このような国家が強大にならぬはずはありませせぬ。諸姉妹に志あれば、日本に遊学せねばなりませぬ。私のもとへ来られれば、一切の便宜をとりはからいます」（武田：一〇九）。

筆名魯迅こと周樹人は、南京の路鉱学堂に学び、卒業後省の給費生として一九〇二年に日本へ留学した。二二歳である。初めの二年は東京の弘文学院で日本語と普通学を学び、二四歳のとき仙台の医学専門学校に進んだ。初めての中国人学生だった。日本には一九〇九年までとどまる。中国革命の結社光復会のメンバーにもなった。魯迅の留学時の出来事で一生の転換点になったのは、医学から文学への転向である。そのきっかけを彼自身が最初の小説集『吶喊』の自序に書いている（竹内好訳）。

「私の夢はゆたかであった。卒業して国に帰ったら、私の父のように誤られている病人の苦しみを救ってやろう。戦争のときは軍医を志願しよう。そしてかたわら、国民の維新への信仰を促進させよう。そう私は考えていた。私は、微生物学を教える方法がいまどんなに進歩したか、知るべくもないが、ともかくそのころは、幻燈をつかって、微生物の形態を映してみせた。そこで、講義がひとくぎりしてまだ時間にならないときなどには、教師は風景やニュースの画片を映して学生に見せ、それで余った時間をうめることもあった。時あたかも日露戦争の際なので、当然、戦争に関する画片が比較的多かった。私はこの教室の中で、いつも同級生たちの拍手と喝采とに調子を合わせなければならなかった。あるとき、私はとつぜん画面の中で、多くの中国人と絶えて久しい面会をした。一人が真中にしばられており、そのまわりにおおぜい立っている。どれも屈強な体格だが、表情は薄ぼんやりしている。説明によれば、しばられているのはロシア軍のスパイを働いたやつで、見せしめのために日本軍の手で首を斬られようとしているところであり、取りかこんでいるのは、その見せしめのお祭りさわぎを見物に来た連中とのことであった。

この学年がおわらぬうちに、私は東京へ出てしまった。あのことがあって以来、私は、医学など少しも大切なことでない、と考えるようになった。愚弱な国民は、たとい体格がどんなに健全で、どんなに長生きしようとも、せいぜい無意味な見せしめの材料と、その見物人になるだけではないか。病気したり死んだりする人間がたとい多かろうと、そんなことは不幸とまではいえぬのだ。されば、われわれの最初になすべき任務は、彼らの精神を改造するにある。そして、精神の改造に役立つものといえば、当時の私の考えでは、むろん文芸が第一だった。そこで文芸運動を提唱する気になった」。

「同級生たちの拍手と喝采とに調子を合わせなければならなかった」というところに、留学の寂しさがうかがえる。仙台で中国人は彼一人、あとはみな異邦人である。その異邦人たちは当然差別をする。漱石の英国での孤独を、魯迅は日本で経験したわけだ。構造的な同一性ということだ。魯迅の場合は七年も日本にいたのだから、その寂寞にもかかわらず、居心地は必ずしも悪くなかったかもしれないが。

さしも隆盛だった日本留学も、昭和一二年（一九三七）の日中開戦によって留学生が総引き揚げし、一旦終幕となった。

話はさらに逆転する。中国文学者**増田渉**（一九〇三―七七）は昭和六年（一九三一）上海に「留学」した。彼の「留学」については、長くなるが、彼自身の回想によるのが最もよい。

「私は学校を出てから（学校にいるときからであるが）しばらく佐藤春夫氏の手伝いをして中国小説の翻訳などをしていたが、しきりに中国へ行ってみたくなって、千枚ぐらいの長い翻訳が一段落ついた時、それをしおに上海に行く決心をした。それは昭和五年の暮れであったが、船の都合などで翌年三月に上海についた。最初は一か月ぐらいの旅行のつもりだったし、当時は別に中国の文壇事情についてあまり注意していたわけではなし、魯迅が上海にいることなど初めから知っていたのではない。ただ、佐藤春夫氏から内山完造氏あての紹介状をもらっていたので、ある日内山書店を訪ねたら、ちょうど魯迅が上海にいる、しかも毎日同書店にあらわれると聞いた。（…）

私はとにかく、彼について勉強しようという気持ちから、最初は毎日内山書店へ、彼があらわれる時間を見はからって出かけて行った。たぶん私が彼に向かって、中国の文学を勉強するにはどんな本から読んだらいいかとでもきいたものだろうが、彼は自分の幼少年時代の思い出を書いた『朝花夕拾』という本をくれた。私はその本を私の下宿で読んで行って、不審な字句や内容の事柄について、翌日内山書店で彼から教えてもらう ― ということを当分つづけていた。（…）

その次に『中国小説史略』についての質問をはじめた。それは最初から翻訳するつもりであったし（内山完造氏がそれをすすめた）、ほとんど逐字的に講解してもらった。そのころは内山書店の店頭ではなく、魯迅の宅に直接出かけるようになっていた。内山での「漫談」（当時そういっていた）をすますと、彼とともに彼の寓居へ行き（内山からその寓居までは二分か三分の距離）、それから彼のテーブルに二人並んで腰かけ、私が小説史の原文を逐字的に日本訳にして読む、読みにくいところは教えてもらう、そして字句なり内容なりについて不審のところは徹底的に質問する。その答えが、字句の解釈なら簡単であるが、内容となるといろいろの説明がいるので相当時間がかかる。たいてい午後の二時あるいは三時ごろからはじめて夕方の五時から六時ごろまでつづけた。むろんいつしか雑談にわたったり、日々生起する時事に対する意見や批評をきいたりする合いの手がはいることも多かったが、およそ三か月はその本一冊の講読に費やされたと思う。当時、彼は外部とほとんど交渉をもたなかったから客はまずなかった。広い書斎兼応接間に、夫人の広平女史が少し離れたところで彼女自身の仕事（本を読んだり、抄写をしたり、編物をしたり）をしている（息子の海嬰は子守婆さんがたいてい外へつれて出ていて部屋にはあまりいなかった）、だから、じゃまするものもなく、私は十分教えをうけることができた。（…）これが済んだときは、私もホッとしたが、彼もホッとしたであろうと思われる。それから『吶喊』と『彷徨』との二小説集の講解も終わったのがその年の暮れであった。私はだからその一年、春夏秋冬、毎日彼の書斎に通ったわけである。そして一日、三時間くらい彼の個人教授をうけたことになる。毎日許夫人から点心とお茶を接待され、また一週間に二回くらいは彼の食堂で晩飯を御馳走になった。実に飽きもせず、諄々として彼は手をとるようによく教えてくれた。私は感謝の言葉もないほど今でも恩に感じている」（増田a：一五以下）。

そのころ反政府的な文学者の大弾圧があり、魯迅は身を潜める必要があった。内山書店主に提供されたアパートに住んで、姿を見られるのを恐れ、窓辺にもけっして寄りつかなかったという。したがって雑用もなく、訪問者にわずらわされることもなかったので、増田青年の来訪は暇をもてます魯迅にとってもいい機会だったと言える。

昭和六年（一九三一）三月から一二月末までわずか一〇か月足らずの「留学」であるが、これこそが真の留学である。もともとは旅行であり、その延長としての滞留であって、それなら当時の大陸浪人と、あるいは今もアジア各地の安宿に沈殿している連中と同じだが、師と学びがこれを留学とする。ここには師がいて、弟子がいる。師はこれその時その地で得られる最良最善の人、背景は東西世界のうねりのぶつかる魔力に満ちた都市。「そのころの上海といえば、「魔都」とか「国際都市」とかいわれ、世界各国の人間が流れこみ、商業と革命と歓楽とがはげしくからみ合って渦巻き、何ものかが崩壊し、何ものかが突き上げ、ひしめき、せめぐ乱雑喧騒な足音が絶え間なくきこえた。もちろん外側からの観察でしかないのだが、しかし私の皮膚は異様な、ドライな重苦しさを感じた。私は圧倒されてしまった。私のよんだ書物のなかの「中国」とはまるで異質の、しかしなまなましい中国がそこにはあった」（増田a：二七〇）。「上海は、そのころの中国の街に特有な、油じみた臭気をただよわせて、頽廃と革命がまざり合って渦巻いていた。その六月には中共中央の総書記、向忠発が上海でつかまり、処刑されたし、九月には満州事変が起って、上海でもあちこちに抗議デモがあり、日本人にそそがれる眼差しは痛かった。やがて一一月には江西省の瑞金に「中華ソビエト臨時政府」が成立した。上海にきて私は、いきなり異常な、強烈な刺戟を受けどおしであった。そのような刺戟が、いつか日常的なものにさえなってしまった」（増田b：四二七）。留学のひとつの理想形である。ただ決定的に惜しまれる点があって、それは増田が中国語が話せなかったことだ（日本語ができる魯迅はいいが、できない茅盾とは通訳を介さねばならなかった）。読めるが、話せない。日本人の宿痾である。漢文漢学に反発して竹内好・武田泰淳らと「中国文学研究会」を作り（一九二四年）、漢文学でない「中国文学」を標榜していた増田にしてこうであった。

増田は明治三六年（一九〇三）日本海に面した島根半島の恵曇村に医師の息子として生まれた。魯迅からの手紙に、「恵曇村と写真屋とがそんなに遠いですか？　実に桃花源の感を起します」（増田a：一六六）とあるようなところだ。東京帝国大学支那文学科を卒業。戦後大阪市立大学の教授になったが、その講義は出雲弁で、学生が聞き取れなくて困った。ある学生が苦情を言うと、授業内容をプリントにして配布した、という逸話がある。四〇年来の友人竹内好の葬儀の席上、弔辞を読んでいるさなかに倒れ、そのまま不帰の客となった。昭和五二年（一九七七）三月一〇日のことである。心臓発作だった。魯迅や竹内好のような好師好友に恵まれたとも言えるし、また、魯迅や竹内が好弟子好友に恵まれたとも言える。一種理想的な死に方だ。
帰国時魯迅から「送増田渉君帰国」という詩を贈られた（増田a：一四〇）。

扶桑正是秋光好　楓葉如丹照嫩寒
却折垂楊送帰客　心随東棹憶華年

扶桑は正にこれ秋光好し、楓葉は丹の如く嫩寒に照る。
却て垂楊を折り帰客を送る、心は東棹に随って華年を憶う。

日本の風光をしのび、彼が東へ帰るを見るにつけても、自分の日本での若かりし日のことを憶う、というものだ。帰国後増田が岩波文庫で『魯迅選集』を出すとき、どれを入れたらよいか問い合わせたら、どれを選んでもいい、だが『藤野先生』だけはぜひ入れてもらいたい、ということであったそうだ。仙台医学専門学校で中国の留学生を親身に指導したあの先生、周青年のノートを毎週びっしり添削補筆してくれた風采の上がらない藤野先生の存在が、上海で偶然出会った中国文学研究志望の日本の青年を教えることに結びついているだろう。好意は人のためならず。人の人の、そのまた人にまで伝わってゆく。
「彼の写真だけは、今なお北京のわが寓居の東の壁に、机に面してかけてある。夜ごと、仕事に倦んでなまけたくなるとき、仰いで燈火のなかに、彼の黒い、痩せた、今にも抑揚のひどい口調で語り出しそうな顔を眺めやると、たちまちまた私は良心を発し、かつ勇気を与えられる」（『藤野先生』、松枝茂夫訳）。だがその先生は、大学の教授でこそあったが、まったく無名の人だった。魯迅が自分の選集にこの作品を入れてくれと頼んだのも、それによって藤野先生の消息が知れるかもしれないと思ったからだ。しかし何の情報もなく、病床を見舞いに上海を再訪した増田渉に、もう先生はこの世におられないのだろうと嘆息をもらしたそうだ。だが、藤野先生は当時福井の田舎に存命で、小さな診療所を開いていた。そういう人である。魯迅と並び立つような人物ではない。つまり、よき師はよき弟子が作るのである。弟子の心のうちにある。感化の力はたしかに師にあったわけだが、それを受けとめる弟子の感激の中によき師の像は結ばれる。わずか八か月教えただけの生徒が優秀で感受性が強かったため、札幌で伝説的な「大志」の銅像になったクラーク博士や、門人の庭にポンペ神社なる祠を建てられ朝夕拝まれていた長崎海軍伝習所のポンペ医師なども同じだ。魯迅やマックス・ミュラーのように大きさで弟子を圧している場合でも、それは変わらない。

《奇妙な「留学」辞令》

建築家・建築史家の**伊東忠太**(一八六七—一九五四)は、築地本願寺や平安神宮、一橋大学兼松講堂などの設計をしたことで知られるが(出雲大社の神苑や勅使館も設計)、明治三五年(一九〇二)三月から三八年(一九〇五)六月にかけて、奇妙な大「留学」をした。

「私は大学院を兎に角一と先づ卒業したが、是非とも少くとも三ヶ年中国から埃及希臘に至る迄、その間の諸邦を訪ひ、日本建築史を完成せねばならぬと決心して、時の工科大学長に懇請して見たが、学長は頑として認許されず、曰く『凡そ外国留学の規則は欧米に限る事である、中国より極西亜細亜迄の諸国留学は未だ曾て無き例である』と申さる。私は『外国留学は欧米に限るとは如何と思ふ、何処の邦でも必要あらば行いて留学するに何の不都合ありや』と質問し哀訴したれども承諾されず、数年の後明治三十四年に至つて始めて中国・印度・土耳古・合せて三ヶ年間の留学を命ずる辞令を頂きたるが、同時に『但し欧米諸国を経由して帰朝すべし』との命令を受けた」(伊東a:二)。「欧米諸国を経由して帰朝すべし」の但し書きはいかにも官僚的な辻褄合わせであるが、こんな一文を加える必要があったわけだ。欧米留学はすでに厳として確立した制度であり、その二年前に出発した漱石は別に希望もせぬのにイギリスへ行かされ、生涯で「もっとも不愉快の二年」

を過ごさせられた。建築史研究のためにいかにアジア諸国の実地調査が必要だとて、それは「欧米経由」の装いをせずには受け入れられなかった。笑い話めくこの一条も、そんな施しをした上で願いを聞き届けてくれた度量を謝すべきだろう。

その行程は、北京から山西に行き、雲崗石窟を「発見」し、五台山に登り、河南を経て西安、蜀の桟道を越えて成都、重慶、漢口、湖南から貴州、雲南を通ってビルマ（ミャンマー）へ抜け、カルカッタから北インドを回りボンベイへ。アジャンタ、エローラを見てカシミールまで行き、ガンダーラ地方へ。さらに南インドでハンピまで見ている。セイロンの古跡も訪ね、アフガニスタンには入れないので、船でトルコへ。小アジア各地を見たあとエジプト、エルサレム、シリアを経てコンスタンチノープルに戻り、ギリシア、イタリア、英独仏米を通って帰朝した。留学というより一大調査旅行と言うべきだが、これをしも「留学」とするのは留学にとっての快事である。一方で非常な歓待を受けることもありながら、南京虫に食われ、悪童に石を投げられ、護衛に金を強請され、ほとんど探検にも等しい「西遊六万哩」の大旅行だ。その意味で、一方で留学に対する批評であり、他方探検に対する批評ともなっている。

名高い大谷探検隊の行跡とは、中央アジア部分を除いて重なっている。大谷探検隊は中央アジア探検のみが云々されるし、実際それがこの一連のミッションの最大の貢献であるのだが、実はインド・ビルマ・清国を含む大調査行であった。いわゆる「探検」と大旅行の間の距離はわずかしかない。第一次探検隊はロシア領西トルキスタンのブハラ駅で井上雅二という日本人に会っているし、中国領東トルキスタンでも電報や送金が受け取れた。「探検」と見なされることの多い慧海らのチベット入りも、慧海をラサで待っていたのが日本製のマッチであったように、商人・使節・巡礼などが行き交う道の上にラサもあったわけで、単にその交通が繁くなく難儀なだけのこと。成都で知府に「自分は不日官命を以て入蔵するが、貴君若し同行の意があるならば、便宜取計らつても宜しい、但貴君は中国人に変装し、万事中国の風俗習慣に従ふことが絶対必要である」、あるいはカシミールの文部大臣に、もしラダック（カシミールのチベット人地域）に行くなら「案内者護衛兵等を差出し、少しも不自由のないように取計らつて進ぜる」などと言われたという（伊東a：一四九以下）。もちろんそれは可能性と言うばかりで、もしその申し出に乗っても実際実現できたかどうかわからないが（食言、遅延、朝令暮改等々はこうした企画の標準装備である）、人外境に行くわけでなし、道はあるし、その道が他愛もなく開くこともままあるだろう。「探検だ探検だ、不惜身命」と力んでいる人の前にこそ開かれない、ということなのかもしれない。ただし、このような保護された形の旅では、見聞に制約が多くなるだろうけれども。

人の歩かぬ砂漠や南極北極を踏査するならたしかに探検だろう。だが、中央アジアだろうがチベットだろうが、人は行き来しているのであって、地元民の行き交う道を歩くだけなら探検とは言えない。その土地の人の注意せぬものに科学の光を当て、調査報告を行なってやっと探検になる、ということである。その意味では、報告もきちんと行なった伊東のこれは、本人自身旅行であると思っているが、「探検」と旅行の間の線がきわめてあいまいなことを示している。隊伍を組んで洋装備洋習俗で押し入るのが「探検」なのかもしれない。いや、まじめにそう思う。

能海寛の死をめぐってはひとつ伝説があって、彼が殺された宿の壁に大日本帝国島根県石見国那珂郡波佐村出身能海寛と記し、「残念ながら此処にて土人の為めせつがいせらる」という意味の歌が書いてあったというものだ。それを伝えたのは井戸川辰三大尉ともいうし、伊東忠太であるともいう。事実は井戸川が大理の旅宿に能海の筆と思われる「大丈夫志を立つ何事か成らざらん」というような歌が書いてあるのを見た話が訛伝したものらしい。また、貴州と雲南の境あたりで伊東は大谷探検隊支隊の一員でマンダレーから北上中の野村礼譲、茂野純一にばったり遇っている。これらのことは、ひとつにはそのころ日本人がよく大陸を歩き回っていたことを、もうひとつには道は交差するものだということを示している。

伊東は正しい明治紳士で、文明を尊敬し、野蛮をきっぱりと見下していた。中国人とインド人、トルコ人は共通点が多いと指摘している。つまり、三者とも野蛮人だということである。たとえば、印度人と支那人と似ている点が大分あるとして、貪欲、迷信、偽善、懶惰、不潔、喧騒を挙げる（伊東b：四四四以下）。

しかし、奇異な習慣でも自分が納得できたことに対しては率直にその利を認めている。「印度で某印度紳士の宅に招待され、純印度式の御馳走になつたとき、我輩は『印度人が手掴みで食事をする風は如何にも原始的で感心できない』と云つた処、その紳士は極めて真面目な態度で『それは非常な誤解である。凡そ食物は味覚ばかりで食ふのではなく、必ず嗅覚を以てその美味い香気を嗅ぎつゝ食ふが、更に視覚が手伝つてその美味さうな形や色が味を助ける。我輩等は又その上に触覚を使つて美味さを助成するのである。指先で食物に触れると、先づ一種の美味さを感ずるのである。これを知らないで可惜触覚を利用せずに食ふ人は真に気の毒である』と逆襲した。／我輩は之には一言もなく降参したのである。成程菓子や果実や鮨子などは、掴んで食はなければ美味くない。して見ると、如何なる食物でも手掴みで食ふ方が美味いのであらう、たゞそれは習慣の問題である。

又聴覚も不知不識手伝つて居ることは明白である。即ち吾人が飲食する時には五官が悉く活動して居るのである。吾人が印度人の手掴みを笑ふのは余程間違つて居ると思ふ」（伊東a：一三以下）。そして、求めに応じて日本式の食べ方を見せてやると、会席者は驚異の目を見張って、翌日の新聞に「彼の食事の仕方こそは世にも不思議なれ、二本の小さい棒を片手に操りて、如何なる種類の食物をもこれを口に運ぶことの巧妙さは、吾人が手を持てするに比して決して遜色ない」と書かれた。よき文化交流である。

また出すほうでは、「甚だ尾籠な話で恐縮であるが、印度人は使用の後、左手を用ゐて局部を水で洗ふ習慣がある。我輩は総て印度の習慣には従て見たが、これ斗りは出来なかつた。『日本人は潔癖だからこれは出来ない』と云ふと印度人は承知しない。『日本人は使用の後紙を用ゆると云ふが、紙で拭いた位で清潔になると思ふのか、吾人は水で洗ふから徹底的に清められる、紙でこすり放しにして置くと思ふと日本人の不潔さが想はれる』と逆襲して来たので我輩も苦笑を禁じ得なかつた。実際、日本人は潔癖だと云ふけれども、よく考へて見ると随分不潔癖な所もある様だ」（同前：一五）。ウォッシュレットのできた今では、インド式の勝利かもしれない。なお、食事用便の習慣はトルコまでずっと同じだ。

トルコ人について、自分の従僕の例を挙げ、「彼は君士坦丁堡の薬種屋の亭主で、九尺間口の店の前に穿山甲や人魚の干物などをぶら下げ、怪しい黒焼と草根木皮とを売つて兎も角も別に困らずに暮してゐる気軽な男である。（…）彼の性質の内で土耳其人に共通な特色と思はれる点を二三数へて見よう。／彼は貧乏な癖に銭勘定は至極無頓著で、不経済なことばかりしてゐた。これは凡て土耳其人に共通した性質の一つである。彼の楽は大抵毎夜酒を飲んで芝居を見て夜を更かすことである。これは日本の寄席の類で、多くは女が音曲歌舞を奏する、頗る日本的の調子のものである。席料は大抵二十銭位だ。土耳其人の音曲を好むことは格外である。誰でも小唄をよく唄ふ。それから彼の癖は乞食に銭をやることである。乞食と見れば必ず欠かさずに銭をやる、或る時は遠くに乞食のゐるのを見つけて走つて行つて銭をやつたが、彼はこれを以て善行であると誤信してゐるらしい。土耳其人は一般に乞食を優遇するから乞食の絶える気遣ひはない。（…）未開国の従僕の通性たる主人の物品を勝手に使用すること、主人の飲食物を竊み喰ひすること、買物の度にいくらか誤魔化すこと、主人を利用して土人に向つて我儘を振舞ふこと、今一歩進むと主人の物品を盗むこと等は避くべからざることだから、たゞ油断なく監督するより外はない。イスマイルは盗みだけはしないが其の他のことはみな行つた。而も彼は珍しい正直者であるのだ」（伊東b：五七二以下）と言う。だが、飲酒や寄席通いについては日本の庶民にも見られる性質で、喜捨については引用者は断然美徳だと思うのだが、プロテスタンティズムの倫理には反するかもしれない。

《留学のような、留学でないような》

明治初期には、実質的に東京の官立高等教育機関での修学は「留学」であった。つまり、そのころの高等教育は欧米人教師によって外国語（英・仏・独語）でなされていたからである。

柴五郎が通った陸軍幼年学校ではフランス語で教育が行なわれていた。明治六年（一八七三）入学したその学校では、「教官はすべてフランス人にてプーセ教頭のもとに、モンセ、ヴァンサンヌ、ルシェ、グーピル、ルイ等あり。日本人は助手、通弁のみ。／国語、国史、修身、習字などいっさいなく、数学の九九までフランス語を用い、地理、歴史など教えるもフランス本国の地理、歴史なり。日本の地理、歴史など教えられたることきわめてまれなりしが、フランスの山河、都市村落、河川、気候など暗記し、問わるればただちに回答す」。「食事もまた洋食にて、スープ、パン、肉類なり。ただ土曜日の昼食のみ、ライスカレーの一皿を付す」（石光b：一〇以下）。これ、留学でしょう。場所が東京というだけで。

しかし、当然のことながら勉強はたいへんだった。「最初級に編入され、ＡＢＣの発声を習いつつ、一年前に入学せる者のうちにまじりて講義を聴く。まったく何が何やら弁え難し。これにてはいかに勉強するも追いつくはずなし。口惜し涙にくれつつ、休憩時間も休日もなく、必死に自習す」（同前）。一方で、教えるほうのフランス人教官は、「おそらくは横浜、神戸などに在住の者を採用せるもののごとく、後年、余が大尉か少佐のころ、パリに駐在せるとき、教頭プーセが小さきカフェーを営みおる由聞きたれど、遠慮して訪ねたることなし」（同前）。

賊軍会津藩士の息子として困窮の中に育ち、蕨の根や犬の肉を食べるなど生をつなぐこと自体に苦労した人なので、十分な教育を受けていないと自覚していた。やっと受けた正規の教育はこのとおりフランス語だった。だから少年時代の回想録を書いたとき、自分の日本文に自信がなく、それを人に見せて校閲を願ったわけだ（そのためこの本は「石光真人編著」となっている）。整わぬ時代だったが、だからこそ個人の活躍の幅が広かったとも言える。

教師について、明治七年（一八七四）に来日して一年半ほど東京外国語学校で教えたロシアの革命家メーチニコフはこう書いている。「かつてハンブルグ動物園の園長までつとめた動物学担当のヒルゲンドルフ教授のすぐ隣の生理学講座では、もうろくしたアメリカ人宣教師が教鞭をとるといったことになる。またアメリカの高名な化学者アトキンソンが、逃亡した元砲兵軍曹だとみずから公言して憚らないフランス人（彼は高等数学を講じていた）を同僚にもつ羽目になるのだ」（メーチニコフ：二八九）。専門知識を必要とせぬ語学教師の調達には困らなかった。「この当時、日本におけるヨーロッパ商業は危機に瀕しており、各開港都市――とりわけ横浜――には、なんの仕事もないおびただしい数のヨーロッパ人、アメリカ人が住んでいたので（…）文部省としては東京やすぐ隣の横浜といった、いわば現地でかなり多くの教職希望者を調達することができたからである」（同前：二七六以下）。東京外国語学校（および第一高等学校）の前身である明治初年の大学南校など、「商店員、ビール醸造人、薬剤師、百姓、船員、曲馬団の道化師」などがまじり、「無宿人の収容所」と在留外国人に評されていたそうだ（梅渓：二四二）。前歴を誰も知らない外国語学校の初代ロシア人教師シードルについて伝わる話では、「死ぬほど酒を飲んで、へべれけの姿で教室に現われるや、教壇にどっかと腰をおろしたこのシードル君、そのまま眠りこけてしまい、あとはどうやっても目を覚まさない。かと思うと、ひどくはしたないことばで学生たちを罵りだすしまつ。しまいにはとうとう学生たちととっくみ合いの喧嘩となり、学生たちの手でつまみ出されたという」（メーチニコフ：二八五）。メーチニコフ自身は、細菌学者でノーベル賞を受けたイリヤ・メーチニコフの兄で、ガリバルディのイタリア統一戦争に加わって戦い、片脚を失ったというような人物であり、二葉亭四迷こと**長谷川辰之助**（一八六四—一九〇九）が明治一四年（一八八一）にこの学校の露語科に入ったときの教師ニコライ・グレーも政治的亡命者で、ともに伝説的な教師となった。二葉亭の頃も、日本人の教師はいたけれど、物理や数学などを含めどの科目にもロシア語の教科書が使われ、講義もほとんど全部ロシア語でやっていた。メーチニコフの言、「はじめからヨーロッパの言語や書物の勉強に手をつけた子供や青年は、日本の公文書や文学のことにはまったくチンプンカンプンという状態になってしまう。江戸や大坂の洋学校のもっとも優秀な生徒でさえ、時には公用語で書かれた書類が読めず、友人に多少とも体裁のととのった手紙すら書けないほどに、いわば日本人として文盲状態になってしまうこともあるのだ」（同前：二〇八）は一つ話であるとしても、その懸念は強い。

二葉亭四迷の場合は、松江の相長舎をはじめ漢学塾に通っていたので、その心配はなかった。しかし、初対面のとき坪内逍遥が「多分、其頃に於けるロシア文学通の第一人者であろう」と認めるのと同時に、「彼の性格までが、…著しくロシア文学の感化を受けていた。…私は彼にぶつかって、全く別種の文学論を聴き、別種の人格を見た」（中村：六五）と感じたのには、外国語学校の教育がいかなる影響を彼に及ぼしていたかがうかがえる。そうであればこそ、言文一致体の小説を初めて書くということにもなったのだ。

けれども、時代が必要としたそのような稀な成功例ばかり見ているわけにはいかず、大多数の凡才に必要なこと、日本語で高等教育が受けられるようにすることが要請される。明治政府が身の丈以上の金を費やして欧米各国に留学生を送っていた目的のひとつがこれであった。明治一三年（一八八〇）、東京大学総理加藤弘之は「東京大学ニ於テハ、方今専ラ、英語ヲ以テ教授ヲナスト雖モ、此事決シテ、本意トスル所ニアラス（中略）将来教師ト書籍ト倶ニ、漸漸具備スルニ至レハ、遂ニ邦語ヲ以下テ教授スルヲ目的トナス」（天野：五〇）。そのとおり、明治一四年（一八八一）には東京大学の日本人教授数が初めて外国人を上回った（二一人／一六人）。明治一九年（一八八六）の帝国大学発足時には四二人対一三人になっている。そしてその七割は留学帰国者であった。非留学者のほとんどは日本の古代法制や和漢学科の教授であるから、実質ほとんどが留学をした人々によって成っていたわけだ。その教授たちも始めは外国語で、多少日本語を混ぜて講義していたのだが、明治一六年（一八八三）には教授言語を英語から日本語に切り替えることを決定した（同前：五二以下）。明治一〇年代は日本語で教授する私立の法律学校（のちに専修・明治・中央・法政・

早稲田大学などになる）が次々に現われた時代で、このころに高等教育の日本語化はほぼ成ったと言える。

だが、それが完遂されるためには、日本語が近代化しなければならない。まず、ヨーロッパの事物概念を表わす新しい語彙が必要になる。そこで活躍したのが漢学教育を受け西洋留学をした人たちで、西周考案の「哲学（希哲学）」や「理性」「技術」などのような漢字の組み合わせによる翻訳語（新漢語）が大量に造られた。終戦までの公式日本語は漢文訓読体であったけれども、それも、語彙は古典由来の漢文の素養がなければ理解不能のものから、中等教育で教えられる新漢語を使って大いにわかりやすくなったし、二葉亭らの努力による言文一致体も確実に広がり、公文書以外の書記日本語はその文体になっていた。それらの語彙が中国人留学生によって中国にもたらされたのは見たとおりである。旧植民地の高等教育が今なお宗主国の言語によっているのと変わり、教育の自言語化・自立が達成されたわけで、官費留学はそのための一大プロジェクトであったと言える。それが今、英語による高等教育の奨励によって掘り崩されようとしているのは、明治の遺産の放棄、自主的植民地化と言わなければならない。

なお、朝鮮人や台湾人にとって、内地の大学はもちろんだが、京城帝国大学や台北帝国大学で学ぶのも一種の「留学」であっただろうことも付け加えておく必要がある。彼らの昭和戦前期がわれらの明治初期である。

東京の大学がたしかに「自国の大学」、つまり自言語の大学になったあと、今度は「外地」に日本の学校ができていった。

そのさきがけは上海の**東亜同文書院**で、明治三四年（一九〇一）創立だからかなり古い。もとは前年に南京に創立された南京同文書院だったが、義和団事件の混乱で上海に移転した。この学校の最大の特色は、最終学年に数名で隊を組み、三ヶ月から半年の間行なわれる大旅行である。西は四川・雲南・甘粛まで、中国全土を踏査した。その成果は「支那経済全書」「支那省別全誌」「新修支那省別全誌」などの基礎になっている。その始まりは、明治三八年（一九〇五）、二期生林出賢次郎・波多野養作ら五人が卒業直後に外務省の嘱託で西域や外蒙古の調査に出かけたことにある。林出は単身イリ（伊犂）まで行った。日野強少佐の『伊犂紀行』の旅より一年早く、一旦帰国後また渡清し、ウルムチに教官として滞在していたときには大谷探検隊の橘瑞超に出会っている。そのころ学僧たち学徒たちは（特務将校たちも）縦横無尽に大陸を歩き回っていたのだ。

満州の「阿片王」と言われた里見甫（一八九六―一九六五）もこの学校の出身で、大正四年（一九一五）夏に一行四人で北京から太原、延安、西安、秦嶺、漢口と歩き、「中国をイ、ナーと思い、その味をかみしめたものである」（佐野：一一六）。その旅行記の一節を見れば、「宜川より洛川迄二百十支里三日の行程である、一日は谷間を伝ふて九十里を踏破して龍泉鎮に着いた。月光の美しい処であった。翌日は愈々土匪の巣窟を通ふといふ。始め三十里程は谷を伝ふて徐々に山を登る。山が深いので今迄の禿山と違ひ樹木が茂って居る、野は秋草繚乱として山遊びに行った様な心地。／山を下って谷間に出る。清い流れがある、小樹の林がある、鳩が静かに啼く。草間にすだく虫声に誘われて叢に踏み込めば女郎花が倒れる萩の花がハラ〳〵と散る（中略）。今日の道中が最土匪の横行する処で頻々と掠奪にあった処である此の旧県では百余の壮丁火縄銃を提げ徹宵警戒して居る、昨夜東門外を襲って掠め去ったといふ本隊は東方廿里の処にありと言って居るが警戒するのみで敢て攻めて行く等は中々しない。／夜更けて夜巡り銅鑼の音寂寞を破る。翌廿五日山間の高原を進む、途上の村々皆守望所を設け耕作を止め戦々競々たる様である。僅か四十支里の道だから訳なく済んで丁度正午頃洛川城裏の人となった」（同前：一一七以下）。

外務省管轄の日露協会学校は大正九年（一九二〇）ハルビンに設立された。満州国建国のあと、昭和八年（一九三三）文部省所管の**ハルビン学院**となる。六〇〇〇人のユダヤ人の命を救うビザを発給した在カウナス（リトアニア）領事代理、「諸国民の中の正義の人」杉原千畝（一九〇〇―八六）もこの学校に学んだ。彼は大正八年（一九一九）に外務省留学生となっており、その頃ソ連には留学できないから、ロシア人の多く住むハルビンに行かされた。そのあとこの学校が創立され、そこに通った。「留学生」が通うなら、まちがいなく「留学」である。のちにここで教えることにもなった。日露協会学校ははじめ三年制、週三六時間の授業の半分がロシア語で、みっちり仕込まれる。二学期からは寄宿舎を出て、ロシア人の家に下宿する決まりになっていた。杉原が外務省の試験に合格後『受験と学生』に寄せた体験記は、「哈爾賓は寒いといっても決して恐るるに足らない。厳冬の候でも、室内に於ては、却って日本より暖かで愉快である。来たれ、この謎の国露西亜へ！」（『雪のハルビンより』。渡辺：四一三）と結ばれている。当時の日本人の認識において、ハルビンはロシアなのだ。白系ロシア人の配偶者も得ているわけだし（一九二四年結婚）。だが、この白系露人との結びつきがソ連の忌避するところとなり、ソ連への赴任を拒否された。ロシア人の夫人とは離婚していたにもかかわらず。そのため、ヘルシンキ、カウナス、プラハ、ケーニヒスベルク、ブカレストと、ロシア周辺の小国小都市を渡り歩くことになる。「ロシアとドイツの間」の地域である。その巡りあわせがユダヤ避難民の幸いになったわけだが。ロシア語の達人ながら、モスクワに赴任できたのは、戦後、外務省をやめ商社で働くようになってからである。日本の外交官だからもちろん日本に尽くす立場だけれど、東方においても、「日本とロシアの間」、満州国の外交部に三年勤めていた。そこをやめたのは、夫人によれば「満洲国において日本人が中国人に対してひどい扱いをし、同じ人間と見なしていないことに我慢が出来なかった」（白石：六九）からだということである。そのことは、同じ日露協会学校の卒業生岸谷隆一郎が喝破した、「失礼ながら武器をいじくるサラリーマン転勤族、それが軍人というもの。彼らは転勤しないと出世できない。だから、しょせん場当たりのことしかしない。このような軍人たちに抜本策を求めるのはどだい無いものねだりというものだ」という至言と通うところがある。彼は敗戦時満州国熱河省次長の職にあり、「俺は満洲国と運命をともにする。満洲国がなくなれば岸谷もない」と言い残して自決したという（芳地：一〇〇以下）。ハルビン学院が幻か、満州国が幻か。少なくともこの両者の崇高な部分を信じ、殉じた人がいたということだ。いかに現実の愚劣によって裏切られようとも、尊い一分まで否定し去ることはできない。

モンゴルについては、善隣協会によってフフホト（厚和・綏遠）に**興亜義塾**が設立された。昭和

一四年（一九三九）の募集広告によると、

「興亜塾給費学生募集

蒙疆及支那西北辺疆一帯ヲ確保シテ赤色ルートヲ壊滅シ、帝国ノ大陸国策ノ遂行ヲ完カラシメンガ為メ、文化事業其ノ他ノ工作ニ従事スル志士的青年ノ養成ヲ使命トスル興亜塾ハ愈々四月ヲ期シテ創立開校セラレントス

体力強健、思想堅実、御奉公ノ信念固ク、先駆者ノ意気ト熱意ヲ以テ第一線ニ立チ、積極的ニ活動セントスル青年ヲ求ム

一、興亜塾所在　蒙古　厚和特別市

二、募集人員　拾五名内外

三、応募資格　中等学校・専門学校・並ニ大学卒業生ニシテ年齢二十八歳以下ノ者

四、修学期間　一年六ケ月

五、修学期間中一切ノ費用ハ協会ニ於テ負担ス（衣食住ノ費用、旅費、小遣等ヲモ含ム）

六、卒業後ハ協会職員又ハ現地政府職員トシテ、支那西北一帯、並ニ蒙疆ニ於ケル第一線ノ任務ニ服スルモノトス」（江本：三九）。

この学校は、旅行の同文、下宿のハルビンよりさらに進んで、一年間ひとりでモンゴル人のただ中で生活させられるという点できわめて実践的であり、語学習得の根本に触れている。「興亜義塾では一年間学科（蒙・支・露三カ国語、西域の地理・歴史・政治・経済）、それに軍事訓練を受け、さらに一年間は日本人の住んでいない蒙古高原にひとりで放り出されて蒙古人と生活を共にし、一蒙古人になり切る訓練を身を以て体験した。私は包頭北方百霊廟の四子部落サッチン廟で一年間ラマ僧に混って勉強した」（西川ａ：一二）。

遅れて昭和一九年（一九四四）五月に張家口に今西錦司を所長として設立された西北研究所は学術的な研究機関で、梅棹忠夫などがそこにいた。そこの学者たちからはこの学校は奇異に見えたようだ。藤枝晃の回想によれば、「綏遠に、興亜義塾という、中田善水が塾長で、日本の中学出たやつをスカウトして来るのやね。あんまり出来の良くない豪傑、少々の事にこたえんような頑丈なやつばっかり。その第二回か第三回かの卒業生の、木村肥佐生いうの、ラマに化けてチベット行って。それからもう一人、西川一三。僕が行った時は、そういう若いのが二人潜入してるという事を聞いたですがね。その後、インド通って帰って来た。ああいうのが出たんは、興亜義塾というのも、成功したという事なんやろうかな。一人のやつは、向こうに入って、住みついて、いづれ、日本軍が来る時、それを迎えるように言われたて、これ見たら書いたるねん（「協会史」二一四頁）。例の小野田少尉、ああいう人のまだ見付からんやつが、いっぱいおるのやろな、あちこちに消えたやつが」（藤枝：六六以下）。

興亜義塾二期生の**木村肥佐生**（一九二二―八九）はダワ・サンボ、三期生**西川一三**（一九一八―二〇〇八）はロブサン・サンボーの名で、ともにラマ僧に化けて、昭和一八年（一九四三）に前後して西北に潜入した。「西北シナに潜入し、シナ辺境民族の友となり、永住せよ」という命令書を受けて（西川a：八四）。援蒋ルートである西北公路の探索が目的のひとつだったが、新疆への潜入は果たせず、ともに青海からチベットへ進む。寺本がタール寺からラサ入りした様と重なる。そしてチベットで日本の敗戦を知った。

西川一三は津和野から四つ目の駅の山口県地福出身で、福岡の修猷館中学を卒業後、満鉄に入った（弟定三は津和野中学を出て、同じく満鉄に就職）。そのころの満鉄では、入ったばかりの者でも母校の教頭先生よりずっと多い給料をもらっていた。しかし西川はそこを未練なくやめ、『吉田松陰全集』を提げて興亜義塾に入塾した。修猷館ではラグビー部で、一八〇センチの偉丈夫だった。

彼らはまさに民衆のただ中にいた。モンゴル人であって日本人でなかった。木村はラクダに乗り、西川に至ってはモンゴルからチベット、インドまで全旅程を歩き通した。特に西川は、冬も裸足で暮らして、乞食もしたし、雨の中にごろりと口を開けて寝ることのできるような人である。だから、彼らを同族だと思っている内モンゴル人が、「今、大勢のモンゴル人が日本軍の制服を身につけ日本に訓練に行っているがね、いつの日か、この連中が別の制服を身につけて、日本人を逆に海のなかに叩きだすだろうよ」（木村：一五三）と言うのも聞くし、「安心しなされ。戦争は終わりましたぞ。盗人どもはあんたの土地から逃げだしはじめてますぞ」（同前：二〇三）と「祖国の解放」を祝福される。それ以前に中国人やモンゴル人に対する日本軍士官や日本人会社員の横暴傲慢な振舞いを見ていればこそ、さらに耳に痛かったろう。

木村はダンザンハイロブとツェレンツォーの夫婦を連れて（あるいは連れられて）潜入した。このツェレンツォーはまったく素朴な女で、木村は彼女の弟として旅しているのに、雇い主に対するような敬語を使うのをやめない。「だって実の弟じゃないでしょうが！」というわけだ。あるときは客のいる前で、「彼女がそばにいる時のこの人をふるまいときたら……今にも鋤をとりだして、穴を掘り始めるんじゃないかと思ったわ」と木村とその土地の娘とのエピソードについて語り出して、ダンザンと木村を唖然とさせた。「「それだけじゃない、この人ったら自分のナイフを研ぐことを考え始めたのよ。それまでずっと突きさそうともせず、鞘におさめてたのにね」。自分の機知にうっとりとなったのか、彼女はいっかな話しやめようとしない。それどころか聞き手が間違いなく話の露骨な部分をくみとれるように、一句一句を強調してみせた。（…）客はバーブウ・ノインの若い召使二人だったが、すっかり当惑顔になっている。愚かな女がよりによって二つも大きなタブーを破ったからだ。まず彼女は弟の前でセックスの話をし、さらにツァイダム盆地で禁じられている言葉を使った。ダンザンは当惑しきった表情で、ラサから到着したばかりの晩夏のキャラバン隊の話をもちだして、なんとか話題を変えようと試みた」（木村：一三三）。この旅で彼女は出産し、後産が下りずに死にかけ、せっかく生まれた赤ん坊を亡くす（おそらく寝ながら乳をやって乳房で窒息死させて）などという経験をしている。そうしてたどりついたラサでは宗教的熱狂のうちに五体投地礼をくりかえし、インドへ下ってブッダガヤの聖なる菩提樹と仏塔に参拝して、「つまらないモンゴル人の女である私が、こんなありがたいお釈迦さまの遺跡にお参りできたのもあなたのおかげです。もういつ死んでも思い残すことはありません」（同前：二〇九）と言う。木村と別れたあと、二人はネパールへ行き、ボーダナートの仏塔の番人をしていたが、彼女はそこで病死したという。妻を亡くしたダンザンはラダックへ去った。人生は旅というが、まさにそれを一身に表わした生涯である。木村と同行したからラサへもブッダガヤへも行けた。だが、同行せず、内モンゴルに暮らしつづけていればどんな人生だったか。すでにこうであった以上、考えても詮無いことである。われわれはただ、木村の筆によって、こんな人もいてこんな人生もあったのだと知り、心を揺すられるだけである。

西川は一モンゴル人新米ラマ僧としてレボン寺に入って修学した。興亜義塾だけでなく、ここでも「留学」していたわけだ。しかも、特権ゼロ、茶汲み水汲みなど駆け出し僧の仕事をみなこなしている。最高の学位につくだろうと将来を嘱望されている「同郷」のイシラマを師とした。「イシラマにハタクとグンスク代五円を献じ、三跪三拝し、「なにも分らぬ者ですが、なにぶん宜しくお願い致します」と挨拶を述べた。それに対しイシラマは、「ロブサン、それはお前が取っておけ」とただ一言。その言葉は低くそして慈愛に満ちたものだった。熱いものがこみあげてきて、なにも言えず、涙の出るのを我慢し、「よし、この恩は…」と私はかたく心に誓ったのである」（西川b：四九）。耳から覚えてチベット語の会話はなんとかできたが、書くのはもちろんさっぱりである。「親代わりの師匠イシラマは、私が経文もなにも知らぬ無筆者とはいっても、まさか、イロハも知らぬ無学者とは思ってもいなかった様子で、「ラマといって、イロハも知らぬ無学者が、このジュチュ僧舎に来たのは、お前が初めてだろう」とあきれてしまった。「この有様では、学問上の先生を選ぶなどとはとんでもない。俺の弟子として、俺の顔がたたないから、せめて経典が読めるようになるまで俺が教えてやる」ということになり、さっそく入門の翌日からイシラマについて、チベット語の勉強が始まったのである」（同前：七四以下）。先生の指導にこたえ熱心に努力したおかげで、「こんどイシのところに来た弟子は、来た当時はイロハも知らなかったが、もうジャブロー（礼賛の経典）を全部暗記したそうだ、凄い奴だ」と言われるほどになった。

慧海が書いている問答修行にも参加しなければならなくなった。「入門して間もないある日のこと、イシ先生が、今夜僧舎で討論会があるが、その時、『一年生立て！』と上級ラマが怒鳴ったら、僧舎ではお前が一番の新参者だから、お前が真っ先に立つのだぞ」と突然言われ、何も知らない私は青くなった。しかし、先生は「シィシジン、サンニット、ヨーワルタル、ヨーウイチル」と二回繰り返され「これを暗記しろ！」と命令された」（同前：一五五）。そしていよいよその日が来て、「星のきらめく中庭の一段と高い石垣の上には、座布団のように、大きな石板が敷かれた答者の席があり、その席を囲んで九年生以上の全上級生が、その下の広場に集まった。（…）全員が席につ

くと、

「一年生から立て！」と背後の九年生から声が起こった。兢々としていた私はままよとばかり、黄帽をかぶり、ダゴムを脱ぎ捨て答者の前に立ったが、足がぶるぶる震えて仕方がなかった。しかし私は、昼間先生から教わった一人芝居をどうにかこうにか、失敗することなく演じた。

答者は私の問に対し答えたが、なんのことか解らないだけではなく、その答に対して次になんと問を発したらよいのか、またどうしてよいのか分ろう筈はない。（…）

ところが、上座の上級ラマの間から、突如そして私に代わって答者に問が発せられた。そのすみきった声は実にわが師イシ先生の声だった。私はどれだけほっとしたことだろう。問答は助け船イシラマと答者の間に自然的に繰り返され、私はただ案山子のように立っていればよかった。まもなく、

「つぎ、立て」と九年生の中から声が起こり、その声と共に私はひっこみ、次の者が立った」（同前：一五六以下）。

二人がインドのチベット人町カリンポンで出会ったときの様子はおもしろい。日本語が話せなくなっていたのだ。「我々だけになるや、西川氏は口をひらいたが、舌がもつれて話せない。私には

何が起こったのかよくわかった。日本語で話そうとしたのが、言葉が出てこないのだ。ややあって彼は日本語を話すのをあきらめ、モンゴル語に切り替えた。「日本は戦争に負けたのかね?」」(木村:二一九)。木村のほうも同様で、カルカッタ港で日本船を見つけ、船長に「自分のことを説明しようとしたが、母国語であるはずの日本語がうまくでてこない。もどかしさのあまりペンを取って紙に書いた。「私の名は木村肥佐生。七年間日本語を話したことがありません」。奇妙なことに書くことには何の困難も覚えなかった」(同前:三二二)。

敗戦後、木村はイギリス情報部の依頼で、チベットの保全のため西チベット(今は四川省)カム地方の潜入調査を西川とともに行なった。敗戦国日本の密偵が戦勝国に使われることになったわけだ。

昭和二五年(一九五〇)、帰国すると二人はGHQから呼び出しを受けた。二人ともそれぞれ外務省に報告しようと考えていた。彼らは大使館調査室の勤務とされていて、終戦まで両親のもとに毎月外務省から給料が振り込まれていたからだ。だが外務省はそれにまったく興味を見せなかったので、GHQで一年間日当を受けながら報告書を書いた。その後西川はその見聞を大部の本に著したものの、前半生と無縁の仕事(盛岡で美容器材卸業)をして生を終えた。惜しいことだ。一方、木村はその経験を生かしたが、それはＣＩＡの下部組織で働くという形である（その後亜細亜大学教授）。これらのことは、敗戦後この国を支配しているのが誰であるかを如実に示している。たぶん今に至るまで。木村はつまり日本・イギリス・アメリカ三国の情報機関のために働いたことになる。反中・ソで一貫はしている。

平成元年（一九八九）、ウルムチへの旅の途上で病に倒れ、日本に運ばれて手術を受けた木村肥佐生の最期の様子は、夫人によるとこうだ。「手術後に麻酔科の先生が「あなたの名前は。」と尋ねられました。主人は暫く天上を見つめておりましたが、しっかりした口調で「名前は言えません。」と申しましたので、驚いた私は咄嗟に「ダワ・サンボです。」と答えてしまいました。すると主人は、きつい目で私を見てから先生に、「逃亡ではありません。潜行です。」と低い力強い声で訴えました。これが最後の言葉となり、十月九日、力尽き、ダワ・サンボとして他界致しました」（木村：三六九）。

興亜義塾も西北研究所も、存在した期間はごく短かったが、大きな成果をあげたと言える。しかし興亜義塾の場合、それが戦後に生かされたとは言えない。日本でなくアメリカの手に入ってしまった。同じく成功だった西北研究所のほうの成果は戦後日本にしっかりもたらされたのに。国家べったりの興亜義塾のおのずからの限界である。スパイはしょせん国に仕えるもの、ということでもある。

満州国の成立は、不思議な「外国留学」を成立させた。満州生まれ、撫順・奉天育ちの李香蘭こと**山口淑子**（一九二〇―二〇一四）は、父親の義兄弟である中国人有力者から李香蘭と潘淑華という名前をもらっていた。そして北京の潘家に寄寓して、一九三四年、そこの娘たちと名門ミッションスクール翊教女学校に通うことになった。これも立派な留学であるが、なんとねじれた留学であることか。彼女は潘家の娘潘淑華として、出自を隠し中国人として中国人の学校に通ったのである。政界の大物だから、親戚や妾、使用人や私兵などを含めて百人もが暮らす豪壮な邸宅の中に、たった一人の日本人であった。中国人の作法も身につけた。「人様に何か言われると、すぐ笑いかえす癖があるが、なぜ笑うのか。日本人の習慣だとすれば改めなさい。意味もないのに愛想笑いをすることを中国では売笑といって軽蔑されます」「日常のあいさつで、点頭（軽い会釈）するのはよいけれど、日本人のように深々とお辞儀をするのはよしなさい。卑屈に見えます」などと奥様に注意され、それにならうと、実家に帰ったとき母親に、「淑子は、大都会に出てから生意気になって礼儀作法がダメになった」と嘆かれる。「中国人になろうとすれば、日本人らしさを失い、日本人であろうとすれば、中国人から誤解される ― この二律背反の悩みは、風俗習慣だけでなく、あらゆる面で終戦時までつきまとうが、もっとも悲しかったのは、祖国・日本と故国・中国との対立が次第に激しくなってくることだった。クラスメートたちの日常会話にも「反日」「排日」「抗日」などの言動がひんぱんに表面化し、地下運動に参加する友人もでてきた。／そうした悩みを誰にも打ち明けられないことこそ、最もつらい悩みである。耐えられなくなると、私はよく太廟に出かけて古木の並木を散歩しながら思いきり泣いたものである」（山口・藤原：七五）。あるとき学生の抗議集会に顔を出す羽目になった。「日本軍は偽満州国をでっちあげ、東北地方からこの北京にせまってきている。もし日本軍が北京の城壁を越えて侵入してきたら諸君はどうするか」という問いかけに、「国民政府軍に志願する」とか「パルチザンに参加する」という声があがる中で、彼女の順番がまわってきたとき、とっさに「私は、北京の城壁の上に立ちます」と答えた。城壁に登れば、攻める日本軍か迎え撃つ中国軍の銃弾に当たってまっさきに死ぬだろう。それが自分にふさわしい身の処し方だと思った。

そうであればこそ、満映にスカウトされ新京へ行ったときの新京駅でのあざやかな出現が出迎えの日本人スタッフを驚かせたのだ。そのときの関係者は言う。「新京駅のホームではすっかりあわてましたよ。軟席車（一等車）の停車位置で待っていたのだが、李香蘭らしい女性はおりてこない。どうしたのだろうと心配していると、ホームのはずれにポツンと立っている小柄な娘、それがあなただった。オカッパ頭、青い木綿の中国服の質素な身なり。硬席車の窓から身を乗りだす中国人乗客たちに手をふって別れを告げている。日本人が乗る軟席車の特別車に乗ってこなかった、中国の人たちと打ちとけて話している、それだけでみなが感動してしまった」（山口・藤原：一〇〇）。

映画スターとして数々の「国策」映画に出演し、迎えた敗戦後、中国人の対日協力者は「漢奸」として裁判にかけられたのだが、彼女は日本人であることが証明できて、日本に引き揚げることができた。大陸で生まれ育ったのだから、「漢奸」でないように「引揚げ」でもないのだけれど。中国人ではもとよりないのだが、日本人とも言い切れない（初「来日」のとき、特急列車に乗って目まいで気分が悪くなってしまった。特急あじあ号より遅い日本の特急で。「ごみごみした近景がコマおとしのフィルムのように目まぐるしくかわる」からである）。どちらにも真に属することなく、狭間を生きた人である。「華やかな狭間」ということだ。

その満州国崩壊は、シベリア抑留へとつながる。敗戦後、六〇万もの日本人兵士や満州国関係者がシベリアを始めソ連各地の収容所に連れ去られ、国際法を無視して囚人のような強制労働をさせられた。うち六万人ほどが寒さと厳しい労働と劣悪な環境のために落命したと言われる。一〇人に一人はいかにもひどい。隠岐西ノ島の出身で東京外国語学校ロシア語科に入り、社会主義運動に関わって退学処分を受けた後満鉄に入社、北方調査室で働いていたという経歴ですでに妻子のあった山本幡男（一九〇八―五四）も帰国のかなわなかった一人で、収容所で勉強会やアムール句会などを主催し、周りの人に慕われ、紙一枚持ち帰れなかった帰国時に、友人たちがその遺書を暗記して遺族に伝えたことで知られる（辺見じゅん『収容所から来た遺書』）。

そんな悲劇があるため暗い色調で批判的否定的に語られがちなシベリア抑留であるが、抑留記「極光のかげに」を書いた高杉一郎（一九〇八―二〇〇八）の言うとおり、これはひとつの「バビロン捕囚」である。抑留者は辛い記憶や恨みばかりを持ち帰ったのか？ もちろんそういう人も多くいただろう。国で待っていた家族にとっては、ただ辛かったというだけかもしれない。だが、ここでは日本人の資質が問われているのだ。もし本当にここからネガティブな要素しか引き出せないのなら、日本人はその程度の人間だということである。待っていた人たちの心情もまた構図を歪めているだろう。留学の場合は、国で待つ家族には待ち甲斐があった。よりよい未来のために一時的に忍ばねばならぬことだった。戦争や捕虜の場合はそれと全然違う。帰ってくる保証は何もなく、帰ってきたとて行く前のレベルに戻ることしか期待されていないのだから、待つことの辛さはよくわかるし、それに一部の（多数の）抑留者のルサンチマンが合同すれば、ただ対ソ悪感情の材料になるだけであろう。だが、それだけなのか？ それは貴重な経験に、学びの場にならないのか？ 否である。日本人と日本文化にとって幸いなことに、それをもってポジティブな生産に結びつけた人たちはしっかりいた。

長谷川四郎（一九〇九―八七）の『シベリヤ物語』は、大岡正平の『俘虜記』と並んで捕虜文学の双璧だと思うが、五木寛之に「のんきな本で、捕虜生活の苦しみが出てないですね」と言われるほど、捕虜という名の囚人の生活の辛さがほとんど述べられていない。それは意図的なことで、その感想に対して長谷川自身は「それは罪ある者として私がよろこんでシベリヤに服役したためかもしれない」と言っている。これは重要なポイントだ。抑留者は要するに囚人で、懲役に付されていた。明治大正期の北海道の監獄の懲役労働について読んでいれば、それより（さすがに）ましだが、同類のものだとわかる。自分がその罰を受ける理由があると思う者はそこから反省を引き出し、まったくそんないわれはないと思っていた者（兵卒の大部分はそうであろう）はただ恨みしか感じなかった、ということだ。『シベリヤ物語』に描かれるのは厳しいシベリアの環境の中に生きるたくましいが平凡なロシア人と周辺民族の姿で、日本人捕虜はそこでの生活風景の中の自然な構成物だ。場によくなじんでいる。たとえばマリーヤ・ゾロトゥヒナ。「野菜の積み込みにやってきた「兵隊たち」に対し、捕虜とか日本人とかいう観念を全然持っていなかった。彼女にはただ労働者という観念しかなかったように思われる。彼女は兵隊たちをただ未熟な労働者として取扱った。（…）トラックが動きだした。するとと彼女はあわてて少年の手をはなして、たちまち笑顔になって、ぼくらに向って愛想よく手を振った。／― 幸福で！と彼女は言った」（「シルカ」）。

たとえばラドシュキン。「どういう用件か知らないが、ラドシュキンはモスクワへ出張したのだった。／こうしてラドシュキンなしの日が何日も続いたが、ある朝、私たちが煉瓦工場に近づいてゆくと、彼がいつものように、道具類を並べているのが見えた。彼は私たちが到着しても、別に長いこと不在だった人間のようではなくて、あたかも昨日別れたのと同じような態度だった。

「何処へ行ってたんです？」と私はきいた。

「コルホーズへ、牛乳を飲みに」と彼は答えた」（「ラドシュキン」）。

たとえば「かちかちに凍りついた塵芥の山の麓を少しずつツルハシで取崩しにかかった」とき、通行人たちがからかって投げかける言葉。

「「ヤポン、働け、働け」と太い声が言った。

「ヤポン、腹が減ったかい」と別の声が言った。

「ヤポン、いつ国へ帰るんだい」とまた別の男の声が言った。

「ヤポン、えらいぞ、きれいにやれよ」とまた別の声が聞こえて来た。

「ヤポン、お前は民主主義者かね」とえらそうな声が言った。

「ヤポン、立派な特殊技能を持ってるね」と皮肉な少年の声。

「ヤポン、いい匂いでしょう」と若い女の声。

「ヤポン、一ルーブリくれないか」と、これは吐き出した唾と同じ声だった。

「ヤポン、お前のノルマはいくらだい」」(「掃除人」)。

「警戒兵不要者」という一種のパスをもらって、ひとりで村を歩けるようになった主人公は、本屋に入る。その看板は「細い斜体活字的に「本」と書いてあった。私はこの「本」の中へ入って行ったのである。恐らくは、ある人々が酒場にでも入ってゆくように。(…)私はそれから毎日、馬から降りては、この「一八一二年のモスクワ」を少しずつ読んでみた。（…）本屋の主婦は中年の独身女で、奥の一間にひとりで住んでいたが、彼女は私に対し上等な親切を示した。彼女は私に対し完全な無関心をよそおったのである。この無関心は冷淡なものではなかった。何故なら、私がある日、この「一八一二年のモスクワ」を開いて、ナポレオンがクレムリンの書庫でプガチョフ関係の文庫を調べている所を読んでいると、数人の小学生が入って来た。彼らは私を見て何やらひそひそ話していた。「ヤポン」とか「捕虜」とか言っていたようだ。すると店の主婦が彼らをたしなめて、こう言った。「そうです、あの人は日本人ですよ。それがどうしたのです?」／小学生たちは忽ち黙ってしまった。そして私が振り向くと、彼女はもう編物をしながら、窓辺に開かれた大きな厚い書物を読んでいた。彼女は毎日、その本を少しずつ読み、一枚一枚と頁をめくっていたのだった」(「ラドシュキン」)。

これをしも「留学」と言うのは、留学ということばの乱用であろう。しかし、ゴーリキーの『私の大学』のような意味で「人生の大学」ではあったたし、朝鮮慶尚北道生まれの民族学者**加藤九祚**（一九二二―二〇一六）のように、そこでロシア語を習得して、昭和二五年（一九五〇）に帰国ののち大学で学びなおし、抑留遺産のロシア語を駆使してロシアや旧ソ連の学者と交際し、研究・発掘や翻訳に活躍するみごとな人生を送っている人もいる。このような人にとっては、抑留もたしかにひとつの「留学」であったと言えよう。シベリアから持ち帰った有益なものの筆頭は合唱愛好癖かもしれないが、それだけにとどまらない。

強制的に外から与えられた境遇で、学ぶ意欲のある者にだけ開かれていたこの寒々しい「学びの場」は、漂流記から始まったこの留学談義をしめくくるのにふさわしいと言えようか。

引用・参考文献

青木：『青木周蔵自伝』、平凡社、一九七〇
赤松：赤松範一編注『赤松則良半生談』、平凡社、一九七七
天野：天野郁夫『大学の誕生』、中公新書、二〇〇九
池田：池田謙斎「池田謙斎回顧録」四、『医学のあゆみ』三〇―一、一九五九
石附：石附実『近代日本の海外留学』、中公文庫、一九九二
石光a：石光真清『曠野の花』、中公文庫、一九七八
石光b：石光真人編著『ある明治人の記録』、中公新書、一九七一
伊東a：伊東忠太『西遊六万哩』、北光書房、一九四七
伊東b：『伊東忠太著作集 五 見学・紀行』、原書房、一九八二（原著：龍吟社、一九三七）
稲垣：稲垣武『沖縄 悲遇の作戦』、光人社NF文庫、二〇〇四
井上：井上靖『おろしや国酔夢譚』、文春文庫、一九七四
内田：内田魯庵『思い出す人々』、岩波文庫、一九九四
ウッドハウス：ウッドハウス暎子『北京燃ゆ』、東洋経済、一九八九

梅田a：梅田良忠『ヴォルガ・ブルガール史の研究』、弘文堂、一九五九
梅田b：梅田良忠・岩間徹編『図説 世界文化史大系一二 東欧・ロシア』、角川書店、一九五九
梅田c：梅田良忠編『東欧史』、山川出版社、一九五八
梅渓：梅渓昇『お雇い外国人』、講談社学術文庫、二〇〇七
梅原：梅原季哉『ポーランドに殉じた禅僧 梅田良忠』、平凡社、二〇一四
榎本・竹盛：榎本隆司・竹盛天雄編「島村抱月『滞独帰朝日記』」、『早稲田大学図書館紀要』四〇、一九九四
江本a：江本嘉伸『能海寛 チベットに消えた旅人』、求龍堂、一九九九
江本b：江本嘉伸『西蔵漂泊』上、山と渓谷社、一九九三
鴎外a：『鴎外選集』一、岩波書店、一九七八
鴎外b：『鴎外選集』三、岩波書店、一九七九
鴎外c：『鴎外全集』三、岩波書店、一九七二
大沢：大沢謙二『燈影虫語』、東大生理学同窓会、一九二八
大山：大山梓編『北京籠城 他』、平凡社東洋文庫、一九六五
梯：梯久美子『散るぞ悲しき』、新潮文庫、二〇〇五

金子a：金子光晴『詩人』、講談社文芸文庫、一九九四
金子b：金子光晴『ねむれ巴里』、中公文庫、二〇〇五
金尾：金尾清造『長井長義伝』、日本薬学会、一九六〇
河口：河口慧海『チベット旅行記』三、講談社学術文庫、一九七八
川嶋：川嶋保良『西周夫人升子の日記』、青蛙房、二〇〇一
川副：川副国基『島村抱月』、早稲田大学出版部、一九五三
関西学院史学：『関西学院史学』七、一九六四（故梅田良忠教授追悼号。コンラッド・ヤジジェフスキ「追悼文故梅田良忠スタニスワフ教授」、「故梅田良忠教授略歴」を載せる）
木村：木村肥佐生『チベット偽装の十年』、スコット・ベリー編・三浦順子訳、中央公論社、一九九四
熊沢a：熊沢恵里子「ケンペルマンと平田国学」、『日独文化交流史研究』一〇、二〇〇八
熊沢b：熊沢恵里子「明治初年ドイツ通訳官ケンペルマンとドクトル・ベルリンの教育活動と近代日本の形成」、『日独文化交流史研究』一二、二〇一一
さねとう：さねとうけいしゅう『中国留学生史談』、第一書房、一九八一
佐野：佐野真一『阿片王』、新潮文庫、二〇〇八

司馬ａ：司馬遼太郎『この国のかたち』三、文春文庫、一九九五
司馬ｂ：司馬遼太郎『九つの問答』、朝日文庫、一九九七
白石：白石仁章『杉原千畝情報に賭けた外交官』、新潮文庫、二〇一五
高田：高田時雄「君山狩野直喜先生小伝」、www.zinbun.kyoto-u.ac.jp/~takata/Kano.pdf
武田：武田泰淳『秋風秋雨人を愁殺す』、ちくま文庫、二〇一四
旅する：『金子光晴を旅する』、中公文庫、二〇二一
筒井：筒井康隆『文学部唯野教授』、岩波書店、一九九二
徳永：徳永康元『ブダペストの古本屋』、恒文社、一九八二
中西ａ：中西悟堂『愛鳥自伝』下、平凡社ライブラリー、一九九三
中西ｂ：中西悟堂『かみなりさま』、日本図書センター、一九九七
中西ｃ：中西悟堂『野鳥と生きて』、ダヴィッド社、一九五六
中村：中村光夫『二葉亭四迷伝』、講談社文芸文庫、一九九三
夏目：夏目漱石『文学論』一、講談社学術文庫、一九七九
南条：南条文雄『懐旧録』、平凡社、一九七九

西：『西周全集』三、宗高書房、一九七三
西川ａ：西川一三『秘境西域八年の潜行』上、中公文庫、一九九〇
西川ｂ：西川一三『秘境西域八年の潜行』下、中公文庫、一九九一
丹羽：丹羽香「服部宇之吉と中国」、www.cgu.ac.jp/Portals/0/data1/cguwww/06/19/019-06.pdf
能海：『能海寛遺稿』、五月書房、一九九八（原著：一九一七）
平賀：平賀英一郎「北尾次郎の伝記的諸事実について」、『鴎外』六一、一九九七
藤枝：藤枝晃「西北研究所の思い出」、『奈良史学』四、一九八六
抱月：『抱月全集』八、日本図書センター、一九七九（原著：一九一九）
前嶋：前嶋信次『インド学の曙』、世界聖典刊行協会、一九八五
前田：前田啓介『昭和の参謀』、講談社現代新書、二〇二二
増田ａ：増田渉『中国文学史研究』、岩波書店、一九六七
増田ｂ：増田渉『魯迅の印象』、角川書店、一九七〇
松居：松居竜五『南方熊楠 一切知の夢』、朝日新聞社、一九九一
南方ａ：南方熊楠『十二支考』三、平凡社、一九七三

南方b：『南方熊楠文集』一、平凡社、一九七九
南方c：『南方熊楠全集』六、平凡社、一九七三
南方d：『南方熊楠全集』七、平凡社、一九七一
南方e：『南方熊楠全集』八、平凡社、一九七二
南方f：『南方熊楠全集』別巻二、平凡社、一九七五
南方g：『南方熊楠土宜法竜往復書簡』、八坂書房、一九九〇
三宅：三宅艶子『ハイカラ食いしんぼう記』、中公文庫、一九八四
明治：『明治文学全集 四三 島村抱月・長谷川天渓・片上天弦・相馬御風集』、筑摩書房、一九六七
森：森於菟『父親としての森鴎外』、筑摩書房、一九六九
山口：山口瑞鳳『チベット』上、東京大学出版会、一九八七
山口・藤原：山口淑子・藤原作弥『李香蘭 私の半生』、新潮社、一九八七
山本：山本七平『一下級将校の見た帝国陸軍』、文春文庫、一九八七
芳地：芳地隆之『ハルビン学院と満洲国』、新潮社、一九九九
渡辺：渡辺勝正『真相・杉原ビザ』、大正出版、二〇〇〇

井伏鱒二『さざなみ軍記・ジョン万次郎漂流記』、新潮文庫、一九八六
岩佐壮四郎『抱月のベル・エポック』、大修館書店、一九九八
奥山直司『河口慧海』、中央公論新社、二〇〇三
奥山直司「日本仏教とセイロン仏教との出会い」、『コンタクト・ゾーン』二、二〇〇八
小堀桂一郎『若き日の森鴎外』、東京大学出版会、一九六九
沢木耕太郎「天路の旅人」、『新潮』、二〇二二・八―九月号掲載
杉浦和子『可護記・藤野一門物語』、私家版、一九九六
寺本婉雅『蔵蒙旅日記』、芙蓉書房、一九七四
藤田佳久『東亜同文書院中国大調査旅行の研究』、大明堂、二〇〇〇
宮岡謙二『異国遍路 旅芸人始末書』、修道社、一九七一
吉村昭『アメリカ彦蔵』、新潮文庫、二〇〇一

《後記、あるいは郷土史の悲しみ》

神話時代・英雄時代・人間時代という分け方をするならば、留学の神話時代はさしずめ遣唐使のころや禅僧の入宋入明、そして幕末から明治が英雄時代ということになろう。制度がいまだ固まらず、苦難に満ち即興に富み、混沌としていた時代はそれでなくてもおもしろい。この本では明治から敗戦までの留学を取り上げた。留学に大きな意義のあった時代である。また、近代の留学と言えばまず思い浮かべる欧米への留学にとどまらず、アジアにも目を配ってみた。すると留学の境界線がずるずると遠ざかり失われていくさまがうかがわれて、それもまたおもしろかった。

読めばわかるとおり、これは「島根の近代留学」とでも言うべきもので、わが家の本棚と近くの図書館にある本をもとに、島根県出身者とそれに関係のある人々の留学体験を書き並べているのだが、すぐに気がつくのは、この人たちの生まれた場所こそ島根県だったりほかの地方だったりしているが、死んだのはたいてい東京である。熊楠がひとり例外と言えるくらいだ（彼の場合和歌山に生まれて田辺に暮らしていたから、さらに下降している）。つまり、留学（公費留学）するのは優秀な人材であり、さまざまな地方で産していても、彼らが働く場所は中央である。中央への頭脳の吸い上げということだ。

地方には「郷土史」という研究ジャンルがあり、そこでは「郷土の偉人」がよく取り上げられる。だが、特に近代以降は、その「偉人」というのはほとんどがその土地で生まれたというだけの人である。鴎外のように一〇歳で上京したきり一度も故郷に帰ることがなかったというのは、交通不便な時代なら決して珍しくない。大官の庇護や旧居の観光地化など、出身地に有形無形の恩恵はあるけれども。中央への貢献の度合いをもって郷土の価値が測られ、「郷土史」はそれに喜々として奉仕する。残念さはぬぐえない。さらに、そういう人たちが後に続く郷里の子女のロールモデルとなり、才能ある者は続々と出郷し、都を目指す。県出身者のうちでも、西周・北尾次郎・森鴎外などは、日本留学史を書くならば必ずその中に輝かしい名前として記されるに違いないが、それ以降は彼らに並ぶほどの者は出ていない。人材は吸い上げられ終わったとさえ見える。

中央の知的支配はもちろん日本だけの現象ではない。西川一三が指摘しているように、チベットでは「政府はハランバの学位（ラマ最高の学位）を得たラマに対しては、年々多額の年俸を支給して厚遇している。（…）政府が莫大な国費を以てラマの保護政策をとっている目的は、とりもなおさず学位を得た学力、金力あるラマを地方に帰さず、ラサの寺にひきとめ、一生住まわせようとすることにある。国内国外のラマ教圏内のラマ留学を増し、ラマの留学はラマの親戚知人はもちろん、その地方の巡礼者の足をラサに向かわせ、外貨をラサ、すなわちチベットに落とさせようとするのが終局の目的なのである。この政策はチベット政府だけでなく寺においても見られる。寺の各学堂は所属の学堂内に、ハランバ、ツォランバーの最高学位を得たラマや、将来これらの学位を得る見込みのある前途有望なラマがいれば、競って学堂お抱えのラマとしている。立派な部屋を与え、雑僧をつけて、食事から身の回りのすべての面倒をみさせ、何の心配もなく勉強させている。これはひとりでも多くの学問ある高僧を集めておいて、多くの留学生や巡礼者の足を自己の学堂にひきつけるためだ。すなわち巡礼者達による不定期法会を催させ、金を落とさせようとしている。ラマとしても向学心ある学僧は学問のある高僧の集まっている寺に、凡僧は布施の多く出る寺に集まろうとするのが、当然だからである」（西川b：一九五以下）。

首都のラサ的様態。つまり、東京はラサだということだ。文化の中心が三都に分散し、そのほかに地方的な小中心も多数あった江戸時代を思えば、日本近代は極端から極端へ走るありかたをしていたことがわかる。

江戸を廃した東京は、近代化の突出した先端であった。日本の諸地方は（ある程度は東アジアも）東京を模すことによって近代化を進めた。留学生にとどまらず、明治以来の日本は青年層に膨大な上京者の群れを生んだ。日本の唱歌のひとつの特徴は、故郷を懐かしむ歌の多いことである。「ふけゆく秋の夜」「夕空晴れて秋風吹き」「兎追いしかの山」──。これらの歌を作ったのは、もちろん出郷者たち、設計者から作業員まで含む近代日本の建設者たちである。留学エリートらもその構図の中にある。そうであればこそ、「郷土の偉人」をトレースして一国の歴史スケッチが書けるわけで、それならまあ悪いことではないかもしれない。

平賀英一郎

早稲田大学文学部卒。ハンガリーでPh.D。
著書に『吸血鬼伝承』（中公新書）、『留学は人生のリセット』（共著、平凡社）、『温泉津誌』（報光社）。

留学のいろいろ—島根出身者を中心に—

発行日	2023年2月13日　初版第1刷発行
著者	平賀 英一郎
発売元	株式会社 星雲社（共同出版社・流通責任出版社）
	〒112-0005
	東京都文京区水道1-3-30
	TEL03-3868-3275　FAX03-3868-6588
発行所	銀河書籍
	〒590-0965
	大阪府堺市堺区南旅篭町東4-1-1
	TEL 072-350-3866　FAX 072-350-3083
印刷所	有限会社ニシダ印刷製本

ISBN978-4-434-31791-0　C0221